心が晴れる知恵

下町和尚が教える、
気持ちの切りかえ方

元結不動　密蔵院住職
名取芳彦

清流出版

風の使い手――まえがきにかえて

青空のように、心はいつも晴れ晴れとさせておきたいものです。雲があったとしても、きれいな白い雲がポッカリ、フワリと呑気(のんき)そうに浮かんでいるくらいが、平穏で丁度いいでしょう。

しかし、実際にはそうはいきません。一天にわかにかき曇り、怒りの雷雲が生じることもありますし、憂鬱(ゆううつ)という暗雲が低く垂れこめて心を覆うこともあります。

人は〝感情の動物〟ですから、心の中に感情の雲が生じるのはしかたありません。しかし、自分をネガティブにさせる感情の雲は、なるべく少なくしたいものです。

その雲を吹き払い、雲散霧消(うんさんむしょう)させ、さらに雲を湧きにくくし、流れてくるのを、どうすれば防げるのでしょう。

仏教語で使う「知恵」の原語は、古代インドで使われていたパンニャー。漢字で「般若(はんにゃ)」と音写されました（恐ろしい形相の〝般若の面〟は面を作った作者の名前なので、知恵とは関係ありません)。

　この知恵は、私たちを悩ませ、苦しませる煩悩(ぼんのう)を払うことから風にたとえて、「般若の風」と呼ばれることもあります。

　自分を正当に評価してくれないことに憤りを感じ、自分に共感してくれないことに切なさが募った時に、「般若の風」を吹かせると「私が望んでいることは、ひょっとすると私のワガママかもしれない」と気づき、多くを求めないようになれます。

　出かけるのに天気が悪いと愚痴(ぐち)をこぼし、時刻表通りに電車がこないと不満を言いたくなったら、「これは自分の力ではどうにもならないことだ」と明らかにして潔く諦められるのも「般若の風」のおかげです。

　失敗して心が折れそうになった時に「失敗をそのままにしておけば失敗で終わりだが、次に生かせば、この失敗は成功のもとになる」と考え直して一歩踏みだせるのも、知恵の風が垂れこめていた心の暗雲を払ったからです。

　批判されて自己嫌悪に陥った時に「言われてみれば、あの批判は当たらずとも遠からず。貴重なアドバイスとして受けとめよう」と対処法を自在に変えて、批判を素直に受け入れられるのも、仏教では、「般若の風」が心の暗雲を払ったと表現します。

このような風は、「人のふり見て我がふり直せ」と言われるように私たちの周りにも、私たちの中にも吹いています。

あとは、その風を上手に利用すればいいのです。

本書は、あなたにその「風の使い手」になっていただけるように書き進めました。

ある時は、そんなに簡単な方法があったのかとびっくりしていただき、
ある時は、そこまで考えないといけなかったのかと思っていただき、
あるいは、やるのは難しそうだけど面白そうだからやってみようかなとニンマリしながらお読みいただければ幸いです。

読み終える頃には、あなたも「風の使い手」の仲間入りをしているでしょう。

密蔵院　小住　名取芳彦

心が晴れる知恵

――下町和尚が教える、気持ちの切りかえ方

【目次】

第1章　不安、心配事からの離れ方

第2章 イライラ、怒りの静め方

第3章

落ちこみ、凹んだ時の脱出法

第4章 心が楽になる発想法

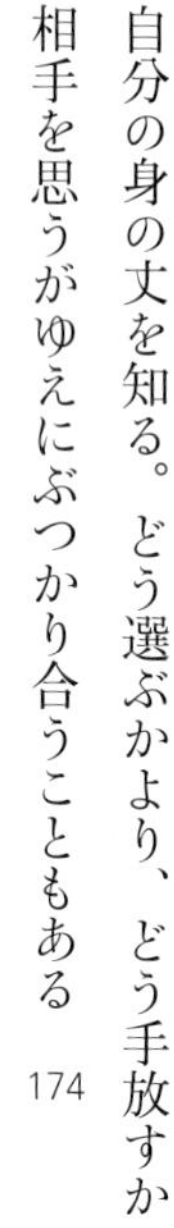

第5章 よく生きて、よく死ぬために

第１章

不安、心配事からの離れ方

小さなピンチは、その時、その場で解決していけば、大きな失敗には結びつかないものです。その回避行動の積み重ねが、順風満帆な人生の土台になります。

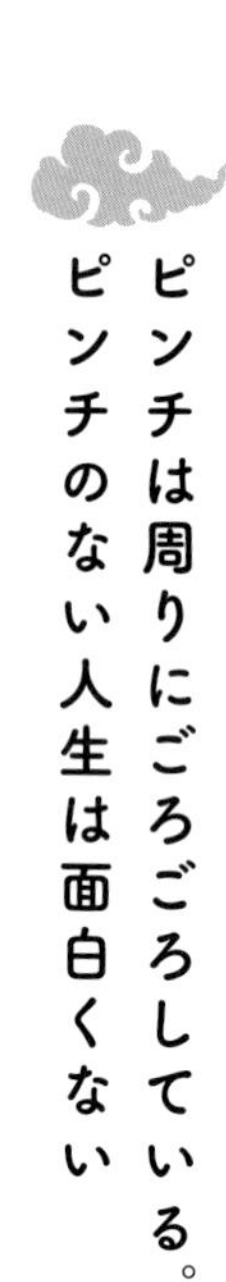

ピンチは周りにごろごろしている。ピンチのない人生は面白くない

日本語で言うピンチは危機や窮地という意味ですが、差し迫ったマズイ状況というニュアンスの強い危機や窮地と違って、ピンチはどうにか切り抜けられそうな雰囲気を感じるのは、私だけではないでしょう。

もともとパ行が使われている言葉は軽い感じがします。ホットケーキよりパンケーキのほうがお洒落でライトな感じがします。南京豆よりピーナッツ、知らんふりより知らんぷり、詐欺師よりペテン師、失策よりポカという具合。

仕事で失敗した時、そのままにすれば信頼を失い、下手をすると仕事を辞めなければならないというピンチを迎えます。

実は、仕事に失敗する前に、いくつかのピンチがあったはずです。「こうすればこうなるだろう」と安易に予測することがすでにピンチですし、「こうしなくてもどうにかなるだろう」と楽観してしまうのも、すでに危うかったのです。

その小さなピンチを、その時、その場で解決していれば、仕事の失敗には結びつかなかったでしょう。あとは、**失敗したらどのように挽回するのか、どうやって責任を取るかをあらかじめ考えてから行動すれば、ピンチを回避できる可能性は高くなります。**

話の流れがビジネス系のようになってしまいましたが、私が申し上げたいのは、ピンチは運動会の玉入れの競技開始前に、地面にあたり一面まかれている玉ほど転がっているし、ある意味でそれが愉快な人生の縮図だということです。**どれほど万端の準備をしようと、すべてのピンチを取り除くのは不可能です。**

道を歩けば事故に遭う危険性がありますから、心配性の人にとっては、外を歩くだけでピンチです。このピンチを切り抜けるために、周囲に注意して歩きます。

好きな人に自分以外の恋人の影が見え隠れすればピンチです。あわてて「私はあの人よりも前から好きでした」と言っても、「そうですか、それは先見の明がありますね。では先着順にしましょう」とは誰も言ってくれません。有名になる前からファンだった歌手が人気者になって、「私はあの人が無名の頃から知っているんです」と弁を揮(ふる)っても、「ふーん、だからなんなの」と言われるのがオチです。

他にも、適度な運動とバランスのとれた食事をしていなければ、病気になるピンチです。学生時代に勉強しなければ、なれる職業が限られるというピンチに陥ります。寝てばかりいれば、活動時間が削られ、やるべきこと、やりたいことができないピンチを引き寄せることになります。

このように、**ピンチは大小取りまぜて、私たちの周りにたくさんころがっています。たくさんありますが、多くのピンチは「このままではこうなるぞ」と、よく考えて回避行動**

を取れば避けられます。

その回避行動の積み重ねが、順風満帆な人生の土台になるのでしょう。**どんなに順調な人生を歩んで、今までピンチなどなかったのではないかと思えるような人でも、そのような小さなピンチの回避行動を取っているということです。**

もし、最近たいしたピンチもなく、感情的になることもなく、つつがなく過ごしていると感じるなら、あなたは無意識のうちにたくさんの回避行動を取っているので、その調子でいけばいいでしょう。

それでも中には窮地とも言える楽観できないピンチに追いこまれることもあるでしょう。その時は、一人で切り抜けようとせずに、別の人の意見に耳を傾けたいもの。ピンチの時こそ、「三人寄れば文殊（もんじゅ）の知恵」ですよ。

情報に触れていないことに不安になっていませんか。満足できる情報はそれほど多くありません。自分に必要なもの以外は「パス」と諦めてスルーしましょう。

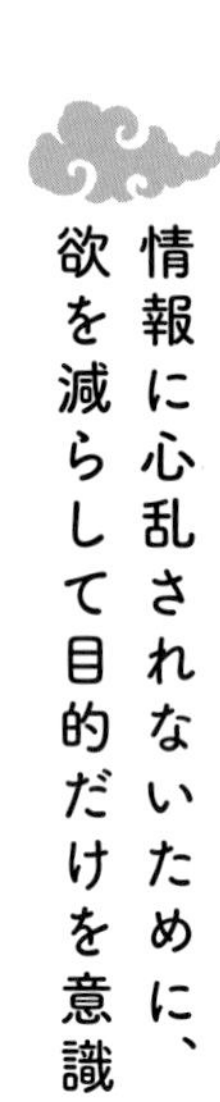

情報に心乱されないために、欲を減らして目的だけを意識する

学校の入学試験で、平安時代の前は何時代か、雷雲の中で凧あげをして、雷の放電現象を確かめる実験をしたのは誰か、出家と家出の違いは何かなど、知識を問う問題はやがてなくなるでしょう。ネットで調べればいいからです。自動翻訳機の発達で外国語を勉強しなくてもよくなる日もそう遠くないはずです。

それほど、知識を含めて多くの情報が手軽に入手できるようになりました。まるで、好きなものを好きなだけ食べられるバイキング会場に入ったようなものです。

どれでも、好きなものを好きなだけどうぞと言われれば嬉しくなりますが、手放しで喜んでいる場合ではありません。ハンバークが食べたいからと肉料理のコーナーに行っても、味つけの異なる数種類のハンバーグがあるのです。さらにハンバークの手前に、美味しそうな鶏のから揚げやスペアリブが湯気を立てていれば、誰だって想定外の誘惑に心が乱れます。

このように、情報化社会に生きている私たちは、否応なく情報のバイキング会場に入れられたようなもので、**多くの人が氾濫する情報によって心が乱されます。その中で心乱されないのは「今はこれでいい」と、自分が食べたいものを見極めている人でしょう。**そういう人は、食べたいものを食べたらそこから出て、早くやるべきことをやろうと思っています。

仏教では、私たちは自分の都合（思惑・欲）通りにならないことに接すると「苦」（ネガティブな感情）を抱くという、仏教以前のインド哲学の考え方を踏襲しています。

苦を減らしたり、なくしたりするには、自分の欲そのものを減らせばいいというのが仏教の伝統的な考え方です。

バイキング会場へ入って目的の食べ物以外に目移りしたら、「あれも食べたい、これも食べたい」という欲を減らして「今日は好物のあれと、あれを食べるだけでいい」と覚悟するのです。

情報で言えば、今は自分に必要なものだけに接して、それ以外は「今回はパス」と諦めてスルーする気持ちを持つことです。

苦を減らすには、もう一つ「欲を満足させる」という方法があります。食べたいものをすべて、とにかくお皿に載せてしまうのです。しかし、そんなに多いと食べきれません。結果的に、テーブルの上には大量の食べ残しが出ます。**情報で言えば、興味のある情報を次々に集めたのに、大半は処理しきれないという状態です。食べ物も情報も、私たちを満足させる量はそれほど多くありません。**

僧侶の修行中は、新聞、テレビ、ラジオなど外界の情報から遮断されます（もちろん、家族や恋人と連絡を取ることも許されません）。私の場合は、なんの信仰心もなく、ただ生まれた寺が忙しい時に、父や兄を手伝えればいいという程度の考えで、僧侶の資格を取るためだけに修行に入りました。ですから修行中はとても辛く、残り日数を逆カレンダーにして部屋に貼っていたほどでした。

精進料理ばかりの修行期間を終えたらカツ丼を食べたい、お寿司も食べたいと夢見ながら修行を終えてみると、味覚が変化してカツ丼もお寿司も思っていたほど美味しく食べられなかった経験があります。一カ月の間に好きなアイドルが引退していたのはショックでしたが、何より驚いたのは、その他の出来事も私にとって、人生が変わるような問題ではなかったとわかったことでした。

情報に触れていないと不安になる人は少なくないでしょうが、自分の栄養にもならない食べ残しの料理のように、**自分にとってたいした価値のない、処理しきれない情報に埋もれて心乱されるなら、そんな生活からそろそろ卒業してはいかがでしょう。**

「自分はどれだけ他者をわかろうとしているだろうか」と、考えることができるのが大人。
そういう人は、他者に気にしてほしいという過度な願望を持ちません。

あなたが思うほど、みんな、あなたを気にしていない

世の中には、自分が注目されていると思っている人がいます。画期的な発明をしたり、誰も想像しないような考え方を発信したり、文学賞を受賞するなど、普通の人ができないような特別なことをした人なら「自分は注目されている」と意識するのはわかります。

他にも、特別な関係にある人は特定の人を気にします。上司は部下の仕事ぶりを気にしていないと責任が自分に及びます。ライバルは互いを気にして向上の糧にします。恋人は互いに気を遣わないと恋愛関係がつづきません。親はかわいい我が子を気にかけます。利害関係や情愛があれば、相手を気にするのは当たり前です。

しかし、普通に暮らしている他人をいつも気にかけている人はほとんどいません。気にしたいとも思わないし、気にしなければならない理由もないからです。

その中で困るのは、自分のことをもっと気にしてほしいと願う承認欲求が強い人です。

小さな子どもは自分に注意を向けてほしくて、「ウンコ」「わちき（私）」などのインパクトのある言葉をわざと言います（というか、言っていました）。放っておけば、より過激な言葉を発するので、大人は仕方なく「そんな言葉は人前では使ってはいけません」と反応します。反応してくれれば、子どもは自分の存在が承認されたと思い安心します（というか、していました）。

これは子どもだから許されるのです。いい歳をした大人が周囲の注意をひくために「これ、私のブログのアドレスなので、良かったら登録して時々ブログを読んでください」とメモを渡したら、周囲の人は迷惑顔で眉をしかめるでしょう。**承認欲求の強い人ほど「私**

のことを誰もわかってくれない」と思っているようです。

しかし、いい大人なら「自分のことをわかってくれない」とため息をついた後に「では、私はどれだけ他人のことをわかろうとしているだろう」と自分のことを反省できます。人から認められなくても、注意が向いていなくても、「私はここにいる」という自己肯定感があるので、人に気にしてほしいという過度な願望は持ちません。

久しぶりに会った人に「元気でしたか？　前に一緒に撮った写真をたまたま見て、どうしているのか気になっていたのです」、「それは、気にかけてくれてありがとう」、「いや、たまたま写真を見たから」、「それでも嬉しいですよ」と、まるで炎天下の道を歩いていたら、たまたま木陰にベンチがあってほっとしたという小さな喜びを得るだけで十分満足なのです。

自分が人からどう見られているかを気にしなくてはいけない人はいます。子どもは親からどう思われているか気にしないと庇護（ひご）してもらえません。「もう知りませんから勝手にしなさい」と言われれば生きていけないからです。

芸能人は大衆からどう思われているか気にしないと商売になりません。まだ実績のあまりない作家は、編集者や読者からどう思われているか気にしないと、世の中で必要とされている本を出版することはできません。こうした人たちは、生きていくために自分が周囲からどう思われているか気にしなくてはいけないのです。

しかし、**周囲から気にされないと自分が生きていけないほど切羽詰まった生活をしている人は多くないでしょう（あなたも私もその一人です）。**

承認欲求が強い人はお気をつけください。あなたが思うほど、周囲はあなたのことを気にしていません。あなたが周囲の人の目が気になってしまっているだけではありませんか。人の目を気にせず、主体的に行動できる大人になりたいものです。

雨には雨の、夜には夜のよさがきっとあるはずです。
今の暗い状況を、
もし、自分の力で変えることが困難であれば、
「苦（く）」と思わない術（すべ）を探してみましょう。

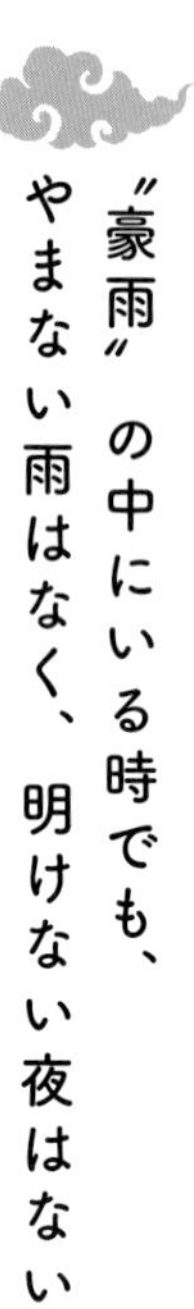

〝豪雨〟の中にいる時でも、やまない雨はなく、明けない夜はない

人生の中では、思いがけない不幸や災難に遭うことがあります。経済的な困窮に陥る、いつ回復するかわからない病気にかかる、あらぬ疑いをかけられ誤解されて争うなど、昔からこの三つはひとまとめにして「貧（ひん）・病（びょう）・争（そう）」と呼ばれます。

すぐに解決することではありませんから、雨に降りこめられたようにどこにも逃げられず、陰々滅々な日々を過ごすことになります。

こんな時、「やまない雨はなく、明けない夜はない」という言葉を思い出し、未来に思いを馳せて心のバランスを取ろうとするのは賢明な策でしょう。**どんなことでも膨大な縁が集まって成立していて、その縁は常に変化するので結果も変わるという、仏教が説く「縁起」と「無常」の大原則は、不幸な状況にも当てはまります。**

写経のお手本としても有名な『般若心経』は、物事は常に変化するので、どんなことにも不変の実体はないという空の立場から、こだわるなと説きますが、この中に「無老死」という句が出てきます。老いや死には不変の実体がないという意味です。

八十歳でも肌に張りがありハキハキしている人に「お若いですね」と言うこともあります。若くても「どうせ」が口癖の人は心が老けています。ですから、何をもって老いとするのかは一定ではありません。死も同様に生命としての死もあれば、社会的な死もあります。「人は心臓が止まった時と忘れられた時の二度死ぬ」とも言われます。

これが「無老死」の一つの解釈ですが、**仏教で老死は「苦」（自分の都合通りにならないこと）の代表として扱われているので、「空がわかれば、老いや死を苦と思わなくなる」**

と言い換えることもできます。

「やまない雨はなく、明けない夜はない」と希望を持っても、問題なのは〝豪雨〟の中にいる自分であり、暗い夜を過ごしている自分です。その状況を自分の力で変えることが困難ならば、その状況を苦と思わない術（すべ）を探してみるのです。

雨宿りすれば、雨垂れや水たまりに落ちた水滴がつくり出す波紋を眺めることもできます。お気に入りの長靴を履き、素敵な傘を手にして歩けるのも雨ならではの楽しみです。夜は一人で思考を深めるにはもってこいの時間。晴れた日にきれいな月を楽しめるのも夜ならではです。

自分が望まない状況に陥ってしまったら、ただ逃げるのではなく、まずその状況を受け入れて、じっと待つか、その中で楽しめることはないかを探してみてください。

たとえば、お金がないなら、ないなりに暮らしていく算段をする。病気になったおかげで気づいたこと、勉強になったことを一覧表にするのもいいでしょう。誰かに誤解されたとしたら、物事を正しく判断できる人物を見つけられる機会が到来したと思うのです。

相手の期待に応えないことを不安に思っていませんか。期待に応えるために、満足してもらうために生きている人は、自分の人生を生きているとは言えません。

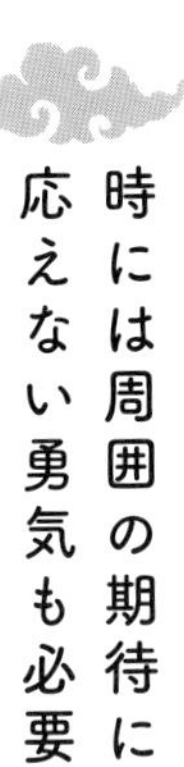

時には周囲の期待に応えない勇気も必要

誰かを心配するのは、とても厄介な側面があります。それは、こちらが心配しているような事態にならないよう、相手に適切な対応を暗に求めるからです。いわば、往復はがきのようなもので、送り手の期待に応える返事をするように求めているのです。

「そんなことをしていて大丈夫なの?」と心配する裏側には「そんなことをしていないで、やるべきことをやりなさい」という思いがあります。その心配をよそに、相手がこちらの思惑通りに対応しなければ「もう知らないからね」とそっぽを向くか、後になって「だから言ったのに」と恩を着せたくなります。

しかし、心配してくれた人の意向に添う対応など簡単にできるものではありません。こちらにはこちらの都合があるからです。言うことを聞かないのは、いつだってそれなりの理由があるのです。

そこで、**私は誰かのことを心配するのはやめにして、心配りに徹することにしました。心配りなら、返事は不要です。**お客さんにオシボリを出すのは心配りで出しているので、相手がそれを使おうが使うまいが、こちらには関係ありません。「せっかくオシボリを出したのに使わなかった」と怒る人はいません。

こうした心配りの構造は、親や会社からの期待など、一般的な「誰かからの期待」にも当てはまります。期待されるのは可能性を信じてもらっているので嬉しいものですが、その期待に応えられるかどうかはわかりません。期待に応えられなければ、相手をガッカリさせるのではないか、二度と期待してもらえないのではないかと不安になります。

そのために**必死に相手の期待に応えようとする人がいますが、それでは相手を満足させるために生きているようなもので、自分の人生を生きていることにはなりません。**

ですから、時には、他人の期待に応えるためだけに生きているのではないかと、疑うことも必要ですし、周囲が勝手に抱いている期待に応えない勇気も必要です。

「自分に投資」という言葉がありますが、これは自分を成長させるための行いです。自己責任、自業自得という言葉も忘れることなく、自分を心配し大切にする生き方をするのもいいかもしれません。

後悔をしないためには、一つの決定をする時に心の底から、やるかやらないかを覚悟すること。そうすれば、結果を素直に受け入れる勇気がわいてきます。

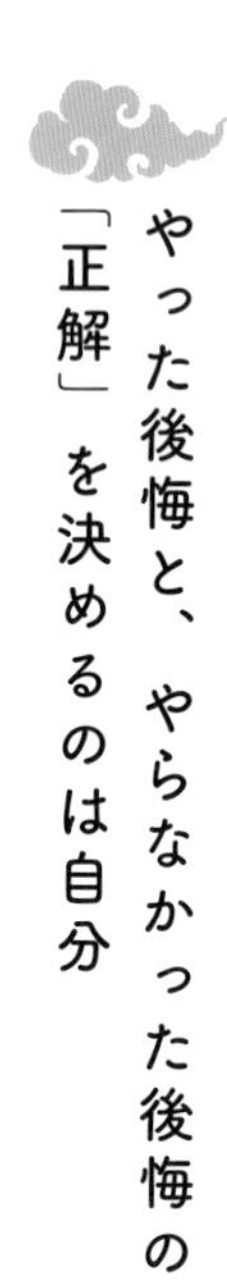

やった後悔と、やらなかった後悔の「正解」を決めるのは自分

「あの時、ああすれば良かったのにしなかった」「あの時、あんなことしなければ良かったのにしてしまった」——私たちの後悔はそのどちらかでしょう。

この**後悔を心の黒いシミとして残しておくと、ふとしたきっかけで思い出して、シミから黒い液体がにじみ出て、心を暗くしていきます。**このシミをなくすことはできなくても、薄める方法があります。今の自分が、当時の自分の状況をありのままに観察するのです。

「やらなかった」ことに対して、「あの時、やらなかったのは、当時の自分に自信がなかったからだ。周囲の人も『あなたには無理だから、やめておいたほうが身のためだ』と消極的な意見が多かった。その意見に抗してまでやるほどの気概もなかった」と、**その時の状況を明らかにして、「だから、やらなかったのは、当時の状況では仕方がなかった。あの時は、あの選択が私にとっての正解だったのだ」と諦めるのです。**

「やった」ことに対して、「あの時、やらなければいいのにやってしまったのは、まだ当時は浅はかだったからだ。こうすればこうなると自分の都合の良いほうにだけ考えて、別の結果など予想もしていなかった。周囲の人も『やってみないとわからないから、やってごらん』『せっかくのチャンス。あなたならできるよ』と勧めてくれた。勧めてくれるのだから、問題が起こっても助けてくれるだろうという甘えもあった」と当時の状況を明らかにします。

そして**「そんな条件が揃ったのだから、やってしまったのは仕方がなかった。あの時は、あの選択肢しかなかったのだ」と諦めるのです。**

この振り返りの作業をすると、後悔というシミが薄くなり、思い出しても黒い液体がにじみ出て暗澹(あんたん)たる気持ちにならずにすみます。

ただし、誰かを傷つけて後悔している場合、自分の後悔は薄まりますが、相手が許してくれるかどうかは別問題であることも知っておく必要があります。

その上で、これから先に後悔を残さないためには、一つの決定をする時に心の底からそれをやるのか、やらないのかを覚悟することです。それによって、**やって失敗した時も、やらずに悔やんだ時でも、「自分が選んでそうしたのだから、その結果は素直に受け入れよう」という勇気がわいてきます。**


決めたことが良かったかどうかは、後にならないとわかりません。善悪は時間を経過しないと結論が出ないので、不変の善や悪はないとするのが仏教ですが、それと同様に、**やったことや、やらなかったことが正解だったかどうかは、最後までわかりません。**

失敗した経験をもとに、次に生かせればやったこと自体はその時点では正解になりますが、生かしたつもりでも他人を傷つけて怨みを買えば、最初の失敗はやはり不正解だったことになります。

それなら何をやっても同じではないかと思われるかもしれません。そうです。**正解にするかしないか、後悔するかしないかは、あなたの覚悟の度合いによります。**心の天気は自分で晴らすしかありません。

ちなみに、覚悟とは悪い結果を予測して心構えをすることを言いますが、仏教語では「迷いから覚めて、悟りに至る」という、とても良い意味です。後悔に対する対応は「覚悟」がキーワードです。

人間関係や、明日やるべきことの段取りなど、社会との関わりによって安眠が妨げられる現代。質のよい眠りは意識しないととれません。眠れない夜にお勧めの安眠法は……。

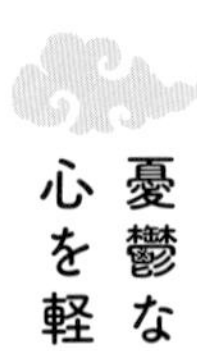

憂鬱な日曜の夜と月曜の朝。心を軽くするには

魚には瞼（まぶた）がないので、昔は眠らないと思われていました。そこから「（あなたが思っているより人生はずっと短いから）眠らない覚悟で修行しなさい」という意味で、仏教で木魚が使われるようになりました（現在は魚が龍に出世して、二匹の龍が宝珠（ほうしゅ）をくわえた形になっています）。

実際に寝るなと言っているわけではありません。仏教ではそんな無茶は言いません。修行中は、「のんびり昼寝でもしようか」「お昼まで寝ていよう」などと考えるなということです。そもそも、**やることがたくさんあって体力や気力を使う修行僧は昼寝をしている暇はありません。また、食事を含めて健康的な生活をしているので、質の高い睡眠がとれます。**

私は二十歳の時に四十日しか修行生活をしていませんが、その間は寝つきも良く、熟睡できていました。

ところが、自分のことだけに没頭すればいい修行を終えて、街中の寺で生活するようになると、バタン・キューというわけにはいかなくなりました。人間関係で悶々とし寝返りばかりをくり返す夜や、翌日以降のやるべきことの段取りを考えているうちに、脳が活性化して目が冴えてしまうこともあります。**社会との関わりと引き換えに、安眠を失ったようなものです。**

情報が堰を切ったように流れる忙しい社会では、質のよい眠りは意識してとらないといけないのかもしれません。体が疲れていなくて眠れないなら、クタクタになるまで体力を使うしかありません。

問題なのは、体は疲れているのに眠れなかったり、安眠できない時です。「今日やったことは、本当にあれで良かったのだろうか」と反省し、「明日の準備は万端か」と心配になり、絵が次々に引き抜かれて次の絵が登場する紙芝居のように、あれこれ考えつづけていれば、質の高い眠りは得られません。そんな時は、どうすればいいのでしょう。

二十代の頃の私は、寝床の中でダンベル代わりになるほど重いハードカバーの仏教書を読みましたが、ウトウトすると本が手からすべり落ち、角が顔に当たって逆に目が覚めてしまうので断念しました。

手軽な方法としてお勧めしたいのは、ファンタジー小説を読むことでしょうか。ファンタジーなら物語のつづきで夢見るスリーパーになれます。寝ている間は、何もできないので考えても無駄と割りきって、物語の登場人物、つまり別人になって眠りに入るのです。くれぐれもミステリーは禁物。ハラハラの展開に眠れなくなるばかりか、眠れても夢の中で理不尽な事件に巻きこまれて夜の街を逃げ回るはめになり、安眠どころではありません。

友人から聞いた安眠法は、ユニークです。まず、黒板をイメージして、そこに大きな太枠の円を描きます。その円の枠内に接するように大きな1を書き、黒板消しで枠を残して中に書いた数字だけを綺麗に消していきます。次に2、3と、書いては消すイメージするのです。試してみましたが、10までたどり着いたことがありません。柵を跳びこえる羊を数えるよりずっと強力です。

ちなみに、私の修行中は、布団に入る際に「若睡眠時(にゃくすいめんじ) 当願衆生(とうがんしゅじょう) 身得安穏(しんとくあんのん) 心無(しんむ)動乱(どうらん)」(もし睡眠する時は、衆生よ、まさに願うべし、身は安穏を得て、心に動乱なからんことを)と唱えていました(宗派によって異なります)。

こうしたイメージトレーニングは、仏教ではよく使われる手法です。私はそれを応用して、寝る時には、ほのかに光がさす海底のドームの中にあるベッドで横になるイメージをすることがあります。私にとってそこが安心できる場所なのです。**あなたも自分の安心できる場所をイメージして眠りに入るといいかもしれません。**

人生の三分の一は睡眠時間ですから、大切にしたいもの。**今日吹いた風が明日吹くわけではありません。明日は明日の風が吹きます。**あれこれ悩まず、休む時はゆっくり休みましょう。

どうしても不安や心配事が拭えない時は、「ここまでしかできないところまでやった」と運を天に任せるしかありません。天に下駄を預けましょう。

自分でできないことは仏さまにおまかせ

「亡くなった母の命日が近づくと、かならず体調が悪くなるのですが、母が何か私に伝えたがっているのでしょうか。そういうことってあるのでしょうか?」という質問を数年に一度受けます。

仮に亡き人が縁ある人に何かを伝えたかったとしても、私にはわかりません。私はイタコではなく僧侶だからです。もし、その才能があったとしたら、毎日霊界から膨大なメッセージを受信することになり、まともな社会生活を営めなくなること必定です。

こんな質問を受けた時にお伝えするのが**「命日症候群」という症状です。ある人の命日が近づくと現れる身体や精神の不調のことで、めずらしいことではありません。**

この症状を示す人の多くは、亡き人に対して負い目や引け目を感じています。「あの人はこの世に未練を残して亡くなったのだろう」という思いがどこかにあって、その**未練を自分が解消してあげられなかったという負い目や引け目が根底にあり、命日が近づくと無意識のうちに症状として現れます。**

少なくとも、亡くなった人が仏教徒ならば、僧侶がお葬式の時にこの世への未練を一切断ち切る教えを説き、仏弟子として悟りを目指すように道案内をしているので、そのような負い目を感じる必要はないのですが、一般の方がそれを納得するのは難しいようです。

そこで私は、命日症候群かもしれないと思う人には、「亡き人が生前に心配していたことはありませんか」と尋ねます。すると、相続のこと、子どもや孫の生活のことなどを挙げられます。それらについて、私は仏教を土台にして、亡き人がどのように納得すればいいかをお伝えします。

そして、**私が申し上げたことを墓前や位牌の前で、亡き人に伝えて安心してもらうようにお伝えします。**「来年も同じ症状が出たら、また来てください。その時は、私と一緒に拝んで仏さまに解決方法を故人に伝えてもらいましょう。そうすれば伝わりますよ。そのくらいのことができなければ仏とは言えませんからね」と言い安心してもらいます。

いわば、**自力でできないことは、その道のプロ（この場合は仏さま）に下駄を預けてしまおうという虫のいい話です（仏前で行なわれる祈りの多くは、これと同じ手順で行なわれますが、それを虫がいいと思わないのが信仰です）。**

さて、命日症候群ならぬ、日曜の夜や、月曜の朝に気分がすぐれない症候群の人は少なくないでしょう。これも、月曜から始まる仕事に対して「仕事をうまくこなせるだろうか」「明日からの仕事は厄介だ」という問題に対する不安や、「失敗しないだろうか」「私には荷が重い」という負い目や引け目が裏側にあるのでしょう。

ですから、日曜の夜や月曜の朝を気持ちよく過ごすには、不安や負い目のもとを明らかにして、その問題を解決するしかありません。

それでも不安が残るなら、「明日からの仕事に対して、自分で準備できることはやった。やるだけやったと言えるほどではないけれど、自分として、ここまでしかできないところまでやったのだから、あとは運を天に任せよう。天に采配を任せるしかない」と、天に下駄を預けるのです。

私は心配ごとがあると、「やることをやってから心配する」と書いて机の前に貼って、自分で準備できることはもうないかを確認することにしています。

不安や心配ごとがある人は、その原因を探して、解決していきましょう。

第２章
イライラ、怒りの静め方

自分の希望通りにならないことは、山ほどあります。イラッとしても、自分の都合を引っこめてみる。自分の都合を少なくすると、心と体が楽になっていきます。

自分の力でどうにもできないことは、「仕方がない」と諦められる

チェッと舌打ちし、苦虫をかみつぶしたようにぐえっと不愉快になり、なんでそうなるの?と呆然とし、嘘でしょ!と唖然とすることが多いのが人生。こうした不快感は体にも悪影響を与えますから、チエッ、ぐえっ、なんで? 嘘っ!と毎日やっていたら、精神衛生上よくありません。**体がしんどくなれば、普段ならなんでもないことでも不愉快に感じてしまい、それがまた体に障り、気づけば亡霊のように精気なく、恨み言をブツブツたれ**

流して人生を送ることに……。

そんな人たちが、私の反面教師になりました。あんな生き方はしたくないと思ったのです。そのために役に立ったのが仏教の「苦(く)」の除き方でした。

仏教の苦の定義は「自分の都合通りにならないこと」です。私たちは自分の都合通りにならないことが起こるとネガティブな感情を抱きます。そして、仏教では苦を除くためには、**自分の都合を少なくしていけばいいと「少欲」を勧め、なるべく少ない都合で満足したほうがいいと「知足」の教えを展開します。**

具体的には、都合通りにならないことに出合ったら、まず、自分の力でどうにかなるのか、ならないのかを判断します。どうにもならないことなら、さっさと「仕方がない」と諦められます。

たとえば、天候は自分の都合通りにはなりません。朝起きたら雨が降っていて憂鬱になるのは、雨ではないほうがいいという都合が叶わないからですが、雨は自分の力でどうかにできるものではありませんから、文句を言っても仕方ありません。雨が降っているという現実を受け入れるしかないのです。

自分の希望通りにならないことは、会社の始業時間から道路の赤信号、どんな病気になるかなど、山ほどあります。そんな自分の都合以前の〝そうなっていること〟に対して腹を立てても何も解決しません。

そこから、何か自分の都合通りになることはないかを探します。外が雨なら濡れない方法はないかを考えて、大きめの傘やレインコートを用意します。**いくらかでも自分の都合を叶えて、苦を減らすのです。**


買い物をしてレジに並ぼうとすると前に何人も並んでいて、担当者が不在のレジが隣にあれば「そっちも開けたら」と言いたくなるかもしれませんが、私はそうは考えません。お店にもお店の都合（事情）があると思うのです。

並んでいる待ち時間はカップ麺ができあがる程度の時間でしょう。分刻みのスケジュールで生きているわけではありませんから、少しくらい並んでもたいした問題ではありません。レジ周辺にはお勧め商品が並んでいますから、それを眺めていれば退屈しないですみます。

車道でも不安定な走行をする自転車にイラッとすることもあるでしょう。邪魔するものがない道を運転したいというのは、こちらの都合です。そこで「人はうしろに目がついていないのだから仕方がない。車の運転をしたことがないので邪魔になることがわからないのだろう、車道の端はデコボコが多いから中心へ寄って走りたくなるだろう」と**相手の都合を考えて、自分の都合を引っこめます。そのように自分の都合を少なくすると、イライラも軽減して心も体も楽になっていきます。**

少しでも気分良く過ごすためにと書き始めた本項が、少しでも気分を悪くしないようにという結論になってしまいました。**気分良くというポジティブな感情ではなく、ネガティブな感情がわいてこないだけでも、それはそれでいいと思うのです。**

他者と比べて自分が下位にいるとわかった時に、優位な人を引きずり下ろそうと姑息な手段に出る人がいます。こうした人は、幸せな人生を送れません。

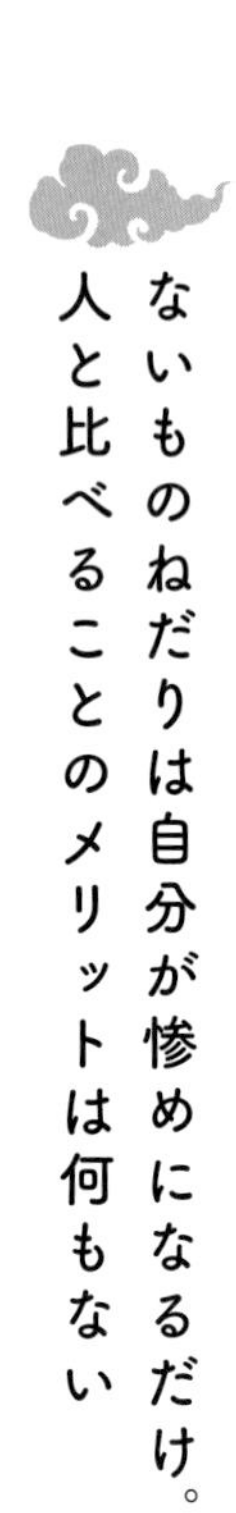

ないものねだりは自分が惨めになるだけ。人と比べることのメリットは何もない

背の低い友人が言いました。

「これまでの人生で〝前へならえ〟をする時、先頭で両手を腰に当ててばかりで、一度も手を前に伸ばしたことがない。背の順というのは身長を比べているという点で残酷だ」

両手を腰に当てる姿勢になんの意味があるのか、いっそのこと先頭の人は回れ右をして、列が直線になっているか確認する役目にしたほうが理に適っているとも力説しました。比べられるのが嫌なのでしょう。

私たちは小さい頃から比べられて育ちます。初めて子どもを持った母親は乳歯の生える時期、ハイハイをする時期、離乳や歩く時期を他の赤ちゃんと比べて、平均値の中にいることで安心します。それは母親だけでなく、子どもにも影響を与えるでしょう。我が子が家庭内だけでなく、学校など比べられることが当たり前の環境で育った人の中には、勉強でも運動でも他と比べることが習慣化してしまう人がいます。

自分が上なら安心できるでしょうが、その安心は自分より下の人を見下すという傲慢の種を宿しています。

〝出る杭は打たれる〟という言葉を人生訓にして、打たれるのは嫌だからと、平均の中に安住すれば、より良い自分を目指せなくなり、向上心も萎えてしまうでしょう。出る杭は打たれたくらいで凹んではいけないのです。

比べて自分が下位とわかった場合、自分を嫌悪、否定して上を目指す努力をやめてしまう人、そして、自分より優位な人を引きずり下ろそうと姑息な手段に出る人がいますが、こうした人は幸せな人生は送れないでしょう。

多くの人は、「背の順」などではなく、自分にないものを他の人が所有していると、「自分にないものを持っている」とうらやましがります。これは、自分にはないという点で、己の評価を下にしているのです。

隣の芝生が青く見えるのも、自分の芝生に満足していないという現実と比べているのです。その証拠に「隣の家の芝生は青くていいなあ。それに比べてうちの芝生は……」と言いたいはずです。大切なのは、他者と比べずに、現在の自分を受け入れるかどうかです。

友人や同僚の慶事を素直に喜べないのも、自分にないものを相手が手にしたと思ったからです。相手が手にしたものを見て、自分の手を開いてみると何もありません。そこで、何も持っていない自分の手と、自分が持っていないものを持っている相手の手を交互に見比べているのです。「あなたはいいなあ。それに比べて私は……」と比べているのです。比べていないもののねだりは、自分をどんどん惨めにしていきます。比べることから卒業して、他人の慶事は素直に喜びたいものです。

比べて自分が上だと思えば下の人を蔑み、平均の中に甘んじれば向上心がなくなり、比

べて下なら自己否定して努力しないか、人の足をひっぱろうとするのですから、比べることのメリットは全くないと申し上げても過言ではありません。

他者と比べる相対評価の中でしか自己の存在を意識できなければ、人生はあちこち見回すばかりで右往左往の連続。クタクタになります。

比べてもいいのは過去と現在の自分（他人は関係ないのです）、そして、他人と比べていいのはその人に追いつこうと努力する場合です。**努力なしの比較は、惨めな茨（いばら）の道の入り口です。**

目標に到達することが最も大切なのが男性。
障害が現れると目標を差し変えるのが女性。
互いの違いを受け入れると、
置かれた状況を楽しむことができます。

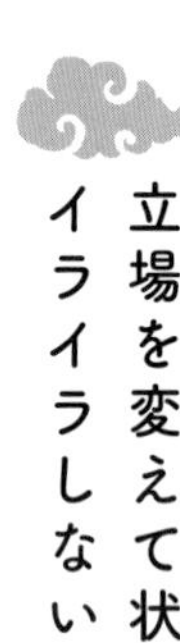

立場を変えて状況を見れば、イライラしないですむ

世の男性の中には、時として女性の不可解な思考についていけないと嘆き、その結果、男と女は別の生き物として無理に納得しようとする人がいます。

「夕飯、何が食べたい?」と奥さんが旦那に聞きます。聞くからには、夕飯は望みのものが食卓に出るものと期待が膨らみます。

「トンカツがいいな」、「わかった。出かけるついでに材料を買ってくるわね」、「ありがとう。シャキシャキのキャベツの千切りと、サクサクジューシーなトンカツ、楽しみだなぁ」。

夕方になって奥さんが帰宅。スーパーの袋の中から、豚肉やトンカツ専用ソースをテーブル上に出しながら言います。

「あなた、聞いてよ。キャベツが一玉五百円ですって。信じられる？　普通なら百円で売っている時もあるのよ。だから買うのやめたわ」、「えっ？　キャベツはトンカツの必需品、ペアだろ。一心同体だ。福神漬けを美味しく食べるためにカレーがあるように、キャベツの千切りを美味しく食べるためにトンカツがあるんだ。キャベツなくしてトンカツは存在しないって、料理の神さまが昔、言ったそうだ」、「誰よ、それ？　それなら、キャベツがあるつもりで食べればいいわよ」。

「何を落語みたいなことを言ってるんだ。それに今出した、氷が入っているストローつきのプラスチックカップはなんだ？」、「帰りに喉が乾いたから、バナナとアサイーのミックスジュースを飲みながら帰ってきたの」、「それって、あのショッピングセンターの出口の所にあるフレッシュジュース屋の？」、「そう」、「だって、あのジュース高いだろ？」、「うん、六百円だったけど、健康にもいいし、美味しいから買っちゃった」。

ここが男にはわかりません。トンカツに欠かせないキャベツを五百円で高いからと買わずに、どうして六百円のジュースが買えるのか。複数の人が何回か食べ方を変えて楽しめるキャベツと、一人喉を潤すためにわずかな時間で飲んでしまうジュースを天秤にかけて、どうしてジュースのほうが重たくなるかがわからないのです。

この不可解な現象を解明しようと、二つの家族からなる合同研究チームが結成されました。その結果、有史以来謎だったこの現象の謎が解けました。

男性は目標に到達することが最も大切だと考えます。男性にとっては、キャベツ添えのトンカツを食べることが目標なので、そのためには万難を排します。キャベツの値段が高くても目標に到達することのほうが大切なのです。

一方女性は、目標に向かう途中に障害が現れると、障害物の除去が新たな目標に差しかえられるというのです。キャベツを買うつもりでも想定を超えた価格という障害が現れた途端、目標はトンカツではなく、高価なキャベツ消去という目的にすり変わるのです。

男性たちはその結果に釈然とせず、あいかわらず「でも、トンカツにはキャベツだろうに」とぼやきつづけます。すると賢者の亡霊が現れて「すべての男は女から生まれた。所詮、男が敵う相手ではない」と言い、鷹揚な笑みを浮かべると姿を消しました。

意見の違いを「価値観の違い」という言葉で簡単に片づけてしまうことがあります（「性格の不一致」もよく聞く言葉です）。しかし、片づけても、問題が整理されたわけではなく、横に置いただけです。ですから、次に同じような問題が起これば、足の小指を床の荷物にぶつけた時のように、「またやってしまった」と、不快な思いをすることになります。

そうならないためには、**自分と違う意見があったら、相手がなぜそう思うようになったのかを、いろいろと想像してみるのです。**想像できなければ他の人にも聞いてみます。これが仏教で言う「自在に観じる＝観自在（かんじざい）」です。そうすることで、とりあえず横に置いた問題が、整理、整頓されていきます。

仏教では、観自在な見方をして心おだやかになった人を観自在菩薩と呼びます（この仏さまの慈悲を強調したい時には、観世音菩薩、観音と言います）。

意見の対立を「価値観の相違」で片づけたくなったら、あなたもプチ観自在菩薩になって、問題を整理、整頓してみるといいですよ。

感情を逆なでされそうな場所にいることはありません。頭を冷やすために、私がお勧めするのは、喧騒や煩わしい場所から離れて、一人になることです。

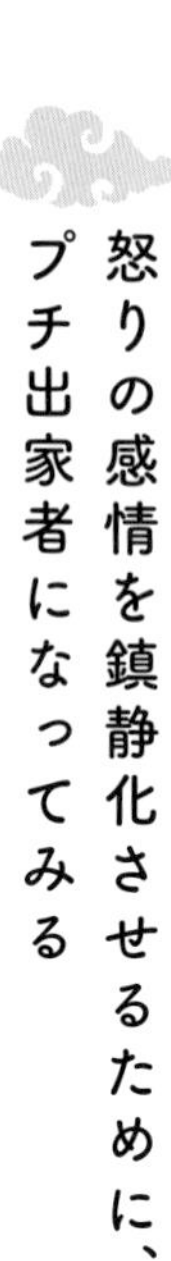

怒りの感情を鎮静化させるために、プチ出家者になってみる

自分がやったことに対して相手が「ご苦労さまでした」「助かりました」「ありがとう」と言ってくれれば気持ちはおだやかでいられます。

しかし、そんなやさしい言葉ばかりかけてくれる人は稀です。「余計なお世話だ」「誰もやってほしいなんて頼んでいないじゃないか」と言われれば、心に怒りや悔しさの波が立ち、悲しみの渦ができます。

そのような感情は他人に八つ当たりしてもおさまるわけもなく、後々まで嫌な思いがつづきます。**「人を呪わば穴二つ」は呪いだけでなく、怒りについても言えるのです。**

こんな時、激した感情を鎮める手段で、私が聞いた中で最も多かったのは、「仲の良い人に話を聞いてもらう」でした。でも、私がお勧めするのは、一人になることです。

感情を処理しきれない子どもは押し入れの中に隠れたり、プチ家出をしようとします。感情を鎮めるためには、一人になったほうがいいと本能的に知っているのでしょう。いわゆる頭を冷やすのです（ただし、自分の部屋ではお気に入りの品がたくさんあり、それに逃避してしまうので、心を掘りさげる場所としては不向きです）。

仏教は、自分の心を掘りさげて、心をおだやかにさせない原因を除いて悟りを目指しますが、その教えの中でも、一人喧騒や煩わしい場所から離れることを勧めています。**感情に振りまわされているだけで煩わしいのですから、感情を逆なでされそうな場所にいることはありません。**

幸いなことに私は本堂へ行けば一人になれますが、皆さんはそうはいかないでしょう。

そこで、**お勧めするのがプチ家出です。プチ家出と言っても、感情を鎮静化させるための外出です。**私の場合、本堂の他に向かう先は、公園かファミリーレストラン（カフェが近所にないので仕方ありません）。

公園に行けば、名も知らぬ花が風に揺れています。「なぜ花はいつもこたえの形をしているのだろう」は、詩人・岸田衿子さんの「あかるい日の歌」の一節ですが、揺れた花びらや茎はすぐに元に戻ろうとします。それを見て「私の感情を逆なでした状況はこの風のようなものだ。私にも心おだやかなもとの居場所がある。そこに戻ろう」と思います。

空を見上げれば雲が浮いています。見ていると雲は風の吹くままに形を変え、なんのこだわりもありません。「私のこの感情のもとにあるのは、こうあるべきというこだわりなのではないか。そのこだわりは、万人に理解されるようなものなのだろうか。この雲のように同じ場所、同じ形にこだわらない生き方がいいかもしれない」と思います。

遊んでいる子どもたちの姿を見て「この子たちは無邪気だ。邪気がない。私には、こうすればこうなるという見返りを求めようとする邪気があるのかもしれない」と思います。

ファミリーレストランに入れば窓際の席に座り、窓の外を通る人を眺めます。「この人たちも、他人と意見や考えを対立させながら日々を生きているのだろうな。そのたびに感情を荒立たせ、それをなだめて毎日を生き、一生を過ごしていくのだろう。それが人間だ。私のむしゃくしゃした気持ちも、他人から見れば『そんなものさ』と一笑に付される程度のことだろう」と思います。

感情を鎮めるためにこんなことを考えていると、プチ家出した自分がプチ出家者になったようで、心がおだやかになっていきます。感情が激したら、プチ家出をして、プチ出家者になってみませんか。

ネガティブ感情をコントロールするキーワードは四つ。「仕方がない」と諦める、「私はまだまだ」と反省する、「なるようになる」と放っておく、「たいした問題ではない」と達観する。

怒りの花火は小さく。爆発させないための感情のコントロール法

私たちの心には、一日にどれくらい、感情の揺れによる花火が打ち上がるのでしょう。

朝起きるのが嫌だと思って一つ打ち上がり、布団から出てカーテンを開けて青空を目にすると、さわやかという花火がポンとはじけます。

朝食を食べようとオーブントースターから焼き上がったパンを取りだそうと金具に触れて「アチッ!」と顔をしかめてポン、豆から挽いたコーヒーの香りにうっとりしてポン、という具合です。直径一センチにもみたない、形も色もさまざまな、小さな花火が次々に打ち上がるようなものです。

こうした**小さい花火が自分の周囲でポンポンと上がっているうちは、問題なく暮らしていけるでしょう。**ハンカチを忘れた時のチェッとか、野球放送の時間延長で、楽しみにしていたテレビドラマが定刻通りに始まらない時のがっくりなどは、小さな花火ですからすぐに消えます。

問題になるのは、次の二つのケース。

一つは、大きな花火が上がった場合です。近くで爆発するので火傷(やけど)します。

会社で「八時十五分前に集合」と打ち合わせて、ほぼ全員が七時四十分に集合しているのに、八時過ぎに堂々とやってきた人が「あれ? みなさん早いですね。集合は八時十五分前ですよね。まだ八時十分ですよ」と言えば、ドッカーンと大きな花火が上がります。「ふざけるな。八時十五分前は七時四十五分のことだろうが!」「なんだ、それならそうと、最初から七時四十五分集合と言ってくれればいいのに」。こうなると「最近の若い奴は……」と居酒屋トークで火傷の傷を癒すしかありません。

このような、自分が火傷するような花火が打ち上がらないようにするには、自分が正確に伝えなかったことと、相手の早とちりの性分を、早目に(できればその場で)「仕方がない」と諦めることです。

第二のケースは、感情の花火が遠くまで飛んでいって、他人にも影響が及ぶ場合です。「お前のためにやったのに感謝もせず、有難迷惑だと人に言いふらしているらしいな。いったいどういうつもりだ！」と相手を攻撃したくなるほど激昂(げきこう)した感情です。憎しみの感情が嵩(こう)じれば、花火が相手に向かって放出され卑劣ないじめや、足をひっぱるなどの愚行につながります。

一度相手に向かって打ち上げられた感情の花火は、花火というより火花になって相手に火傷を追わせます。相手に届いた火花は相手の心の中に怨みや復讐の火種を残し、報復合戦の火蓋が幕を開けます。恐い話です。

花火を遠くへ飛ばさないためには、「こんなことで怒るなんて、私はまだまだだ」と反省するか、「物事はなるようになる」と放っておくか、「まあ、人生ではたいした問題ではない」と達観するかでしょう。母犬がどこかへ行ってしまいそうな仔犬を前足で引き戻すように、遠くへ飛び火しないうちに処置しておくのです。

私たちの感情は、天気のように変わります。自分の気に入らないこと、気に入ったことに出合えば、すぐに、感情の花火の発射準備が整います。発射された花火は、なるべく身近で小さくポンポンと打ち上がらせておきたいもの。それが感情をコントロールするということです。

ネガティブな感情をコントロールするキーワードは「仕方がない」と諦めるか、「私はまだまだだ」と反省するか、「なるようになる」と放っておくか、「たいした問題ではない」と達観するかの四つもあれば充分だと思うのです。紙に書いて貼っておくといいかもしれません。

自分の思うようにやりたいと思っても、周囲に振りまわされて軌道修正を迫られることは少なくありません。心おだやかでいるためには、相手を優先することも必要です。

仏教徒の共通目標は、心おだやかな人になること

「夕方になったから洗濯物を取り込んで。できれば畳んでおいてくれると助かる」との家族からの連絡に、「えっ？ 今、取り込むの？」、「そう。そのままだと湿ってしまうから」、「(今、私は私でやっていることがあるのに……けど、) わかった」。——よくある日常です。

「その服の色とデザインって、二年前の流行(はや)りでしょ」、「えっ、そう？ もう十年以上着ているけど」、「もう少し流行に敏感になると、『この人、心のアンテナを張っているな』って思われるよ」、「（べつにそんなふうに思われなくてもいいけど……）今度、服を買う時はそうするよ」。――時々聞く会話です。

自分の思うようにやりたいと思っても、周囲に振りまわされて軌道修正を迫られることは少なくありません。しかし、人の価値観はさまざまなので、いちいち指示やアドバイスを真に受けていれば、あっちへフラリ、こっちへフラリと酔っぱらいの千鳥足のように暮らす羽目になります。そうならないためには、目標をしっかり定めることです。

小学生に将来何になりたいかと聞くと、スポーツ選手、パティシエ、先生、美容師などの職業を答えます。その**目標が明確ならそのために今何をすべきかが明らかになります。**

成人を過ぎると、将来の夢は、プライベートな時間を楽しめる、年に一回海外旅行に行きたいなど、どんな生活がしたいかに目標が変わります。その目標達成のために仕事を選び、頑張って仕事をします。

仏教は、「あなたは将来、どんな人になりたいですか」と問いかけます。なりたい職業に就いて、あこがれの生活をして、その結果どんな人になりたいかという問いです。**仏教徒の共通目標は「いつでも、どんなことがあっても心がおだやかな人（仏）になりたい」です。仏教徒の日常生活のほとんどは、そのためにあると言っても過言ではありません。**

家内と結婚する前、私は毎日、どうすれば彼女が喜ぶだろうと考えていました。彼女を喜ばせること、幸せにすることが私の目標でした。彼女にとって理想の彼氏は何時に起きるのがいいのだろう、歩き方は、食べ方は、しゃべり方は、話題は……と考えていました。私の日常の一挙手一投足は言うに及ばず、どう考えれば喜んでもらえるのだろうと思考方法さえ彼女に好かれようとしました。心の中の矢印がすべて、「彼女に好かれるため」に向かっていたのです（でも今は……、内緒です）。

心の矢印が一つの目標に向かって同じ方向を向く感覚は、心おだやかな人になりたいという大きな目標でも変わりありません。洗濯物を取り込まずに、畳まなければ「どうしてやっておいてくれなかったの！」と怒りを誘発し、私の心がおだやかでなくなりますから、自分のやりたいことを中断しても、頼まれたことをやるのです。毎年誰かの意向で変わる洋服の流行に振りまわされては心おだやかでいられないと思うなら、流行ではなく、あくまで他人に不快感を与えない程度の服選びをしていればいいのです。

どんな人になりたいのかは人によってさまざまです。いつでも笑顔でいる、ウキウキする心を忘れない、路傍の石のように人に気づかいもされず、気づかいもしない目立たない存在などが、私の身近な人たちの目標です。

その目標達成が明確なものになれば、方位磁石が周囲に影響されることなくいつも北を指すように、心の矢印の向きが変わらず、振りまわされなくてすむようになります（頑固者と紙一重ですけどね）。

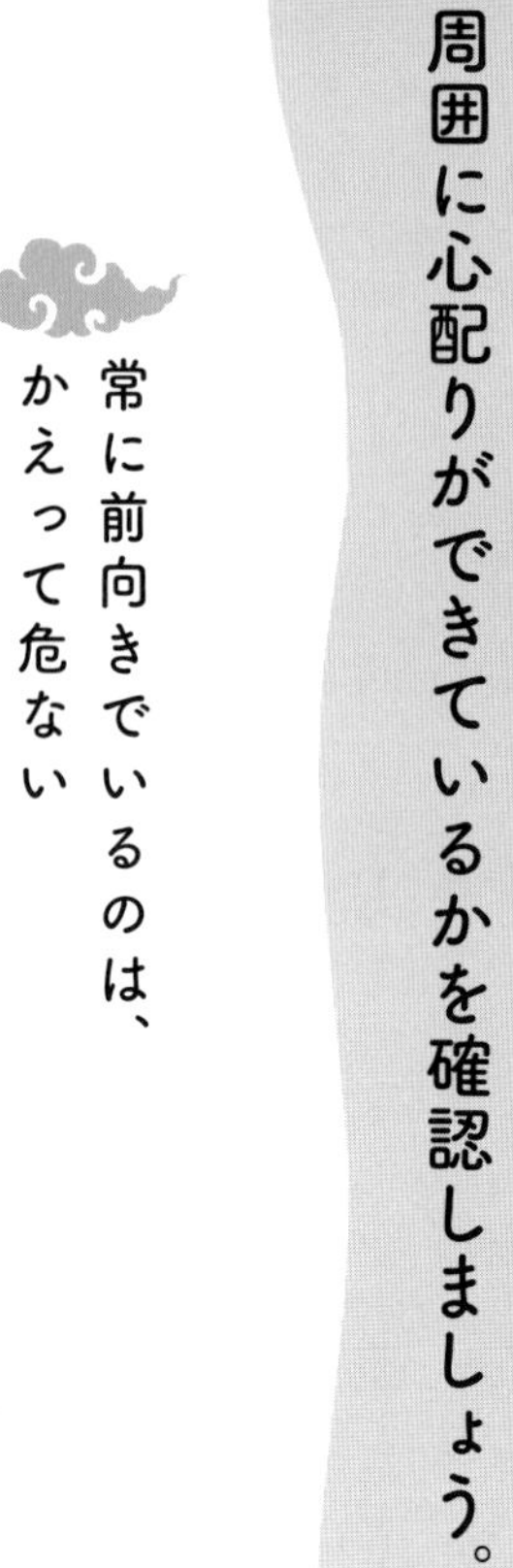

自他共に認める〝常に前向きな人〟は、
たまに後ろをふり返って、
自分のせいで嫌な思いをしている人はいないか、
周囲に心配りができているかを確認しましょう。

常に前向きでいるのは、かえって危ない

「やりたいことがあったら、とりあえず、やってみる」「できそうなことより、一所懸命になれそうなことをやってみる」など、人生を前向きに生きる上でためになる言葉を座右の銘にしている人は、私を含めて少なくないでしょう。

しかし、常に前向きなのも考えものです。前向きゆえに、一緒に歩いていく約束をした人の歩みが自分よりゆっくりしているのにも気づかず、自分ばかりドンドン前に進みます

（私のことを言っているわけではありません）。

仮に遅れている相手に気づいても、後戻りして迎えに行こうとせず、「何をモタモタしているのだ。早く来ないと置いていくぞ」と、その場でイライラしながら待つのが関の山の人もいます（くれぐれも、私のことを言っているわけではありません）。

後ろをふり返ろうとしないので、後ろで嫌な思いをしたり、傷ついたりしている人がいるのに、それに気づきにくくなります。また、石橋を叩いてからでないと渡りたくない慎重派の人がいても、その人に対する心配りや共感ができません。

そういうイケイケドンドンの人は、「大丈夫、大丈夫。なんとなるよ」が口癖で、反省会でも「終わったことは仕方がないさ。失敗を次に生かせばいいんだよ」と、どこまでも前向き。それでいて、失敗を上手に生かせずに同じ失敗をくり返します。周囲から「自信過剰が服を着て歩いているようなもので、謙虚さのかけらもない」と皮肉を言われても、どこ吹く風。

こんな自他共に認める〝常に前向きな人〟は、次のことに注意するといいと思います。

たまに後ろをふり返って、自分のせいで嫌な思いをしている人はいないか、傷つけている人はいないかをチェックする。

周囲に心配りができているか、他の人に共感できているかを確認する。

失敗を本当に次に生かせているかを点検する。

こうしたことをしないと、ある日後ろをふり返ったら、誰もついてこないで、自分が歩いてきた道がペンペン草一本生えない不毛の地になっているかもしれません。

何かに消極的になるには、それなりの理由があります。
獲物を狙うような前傾姿勢で生きていくばかりがいいわけではありません。
マイペースで人生を歩めば、失敗も少なくなります。

後ろ向きでも、人は前に進める

前項の「常に前向き」につづいて、「後ろ向きな生き方」についてお伝えします。

一緒に過ごす時間を持つと仲良くなれるし、仲良しでいられると信じている私は、近所の大きな公園に犬の散歩に出かける時、家内と一緒に出かけます。犬は私のことが心配らしく、リードを持った私がそばにいないと歩いてくれません。トイレ用袋しか持たない身軽な家内は、公園の中に入るとここぞとばかりに「後ろ歩き」を始めます。

危ないからやめたほうがいいと注意すると、「体幹が整うし、日頃使わない筋肉を使うから老後の転倒防止にもいいらしいよ」と私と向き合ったまま歩きつづけます。「あなたもやったほうがいいよ」と勧められますが、私は将来の転倒防止よりも、今の転倒のほうが心配です。

後ろ向きに転倒して頭を打つような危険なマネをするために、正月のお飾りの下を何度もくぐってきたわけではありません。脳裏に「男は死にたくないから痩せる。女は死んでもいいから痩せる」という言葉が去来します。

本当に後ろ向きで歩いている家内にすれば、健康のための後ろ歩きをしない私こそ、人生を後ろ向きに生きていることになるかもしれません。消極的で挑戦しようとせず、自信がなくて一歩踏み出す勇気がないのです。

しかし、私が転倒したくないという理由で後ろ歩きをしないように、何かに消極的になるには、それなりの理由があります。**人生を前向きに生きたいと願っている人にすれば、せっかくのチャンスなのにもったいないと思うでしょうが、獲物を狙うような前傾姿勢で**

生きていくばかりがいいわけではありません。

実際、世の中で〝いい人〟と言われる多くは、誰かのことを喜ばせたり、びっくりさせたりする人ではなく、他人の嫌がること、迷惑になることをしないにようにそっと気を遣っている人に多いものです。それらの人は、その人なりにマイペースで人生を着実に歩んでいるので、失敗も少なくなります。

「あなたは何事につけても後ろ向きですね」と皮肉を言われた時に、「後ろ向きだって前へ進めますよ。見ますか」と反論するために、家内のように、広い場所で後ろ歩きの練習をしてみるのもいいかもしれません。人生という道は、後ろ向きでも前進できるのです。

距離をおきたい人のそばにはなるべく行きません。
相手が近づいてきたらさりげなく逃げます。
心をおだやかな状態に保つために、
そのくらいは許されると思うのです。

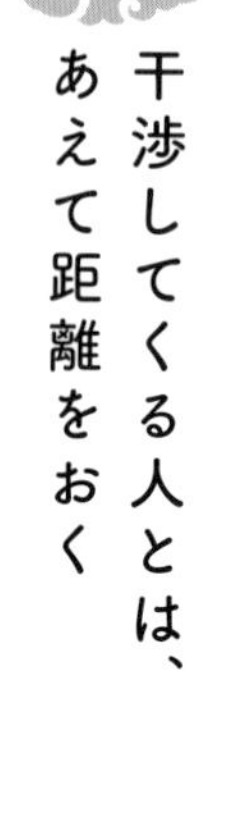

干渉してくる人とは、あえて距離をおく

世の中には、何かにつけて干渉してくる人がいます。こちらはあまり干渉してほしくないのに、それを率直に伝えるわけにもいかず、さてどうしようかと困ります。

どんな人が干渉してくるかというと、まず、やさしいけれど承認欲求が強い人です。誰かに何かしてあげたくて仕方がないようです。相手の役に立つことで、自身の承認欲求を満たしたいらしいのです。最初は嬉しいのですが、しばらくすると、やさしさの押し売りの気配がなんとなく感じられて、辟易することもあります。

たとえば、ある分野で大きな力を持っている、いわゆる大立者。頼まれもしないのに「力を貸してやろう」と恩を売って勢力拡大や維持を計ろうとする人です。ありがたい場合もありますが、その恩を忘れると「引き立ててやったのにそれを忘れて勝手な振る舞いをするとは、私の顔に泥を塗るようなものだ」と怒り心頭に。力があるので、嫌われれば事あるごとに邪魔されて八方塞がりになり、その分野では活動できなくなります。

このように、他人に干渉したがる人を何人か見たり、出会ったりして、対処法を考えておこうと思っていたある日、密教で使われる曼荼羅に目が止まりました。

曼荼羅は知恵や慈悲が世の中でどのように展開しているかを多くの仏さまの姿で表した図像です。このうち胎蔵（法）曼荼羅では、中心に大日如来（密教の本尊）がいて、最も外側には餓鬼（前世の自分のことしか考えないという悪行の報いで、餓鬼道に落ちた亡者）の姿も描かれています。密教では私たち自身も心の中に曼荼羅を内蔵していると考えます。

蛇足ですが、これについて面白い話を一つご紹介します。

私の実家のお寺に仏具の営業マンがやってきました。

「京都の○○寺所蔵の国宝の曼荼羅を最新技術でスキャン、印刷したものができあがりました。一度ご覧いただけませんか」

それを聞いて、対応に出た父は言いました。

「あんた、曼荼羅を売って歩いているのに、曼荼羅がわかっていないな。あのな、このお寺が曼荼羅そのものなんだ。そして、あんたも私も曼荼羅そのものなんだよ。わかったかい。わかったらサヨナラ」

私は、東京下町のこんな住職を相手にする営業マンはかわいそうだと同情しました。


さて、干渉してくる人を餓鬼にたとえるのは気の毒ですが、距離をおきたい存在であることに変わりはありません。そこで私は、曼荼羅にならって、物理的にも精神的にもなるべく外側に置けばいいと思うようになりました。

その人のそばにはなるべく行きません。相手が近づいてきたらさりげなく逃げます。何か言われれば、そっけなく返事をし、興味のない顔をします。心をおだやかな状態に保つ

ために、そのくらいは許されると思うのです。何も「私のそばに近寄らないで」と言っているわけではないのですから。

私が結婚して間もない頃に「あなた（お前）なんか嫌いだ」と三日言いつづければ、誰でも簡単に離婚できる（嫌な相手を遠ざけられる）という恐ろしい話を聞いたことがありますが、それに比べればずっとやわらかい対処法だと思います。

「私の都合など、たいした都合ではない」と割り切れることは、あなたが思っているよりずっと多いものです。そう考えることができれば、イライラせずにすみます。

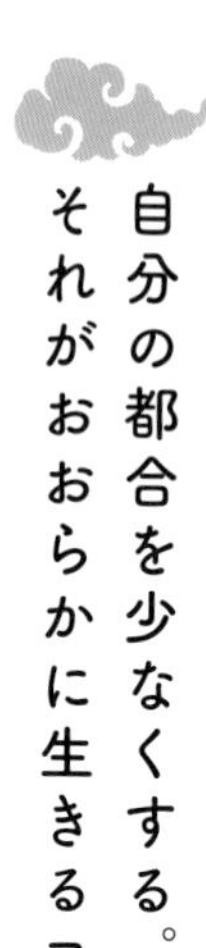

自分の都合を少なくする。それがおおらかに生きるコツ

沸騰したお湯が入った鍋の底から出る泡のように、自分の心にネガティブな感情がわくのは、ことごとく自分の思うようになっていない時です。自分の都合通りにならないことが起こると、チェッと舌打ちし、涙を浮かべて悲しみ、歯ぎしりして悔しがります。この状態を仏教では「苦（く）」と言います。

苦しいのは誰でも嫌ですから、なんとかしたいと思うのが人の常。昔から、苦をなくす方法は二つあります。

一つは、自分の思うようにしてしまうのです。早く移動したい人や、大きな荷物や大量の品を運びたい人が多いことから、その都合を叶えるために車や電車や飛行機、リニアモーターカーが作られました。いちいち外出するのは面倒だから家で買い物ができたらいいという人の都合を叶えるために、通販やネットショッピングのシステムが整備されました。

私たちの周囲にある便利なものは、苦を取り除くために、それを望む人の都合を叶えた結果です。

インドではもう一つの方法で苦を除こうと試みた哲学者やヨガ行者などがいました。お釈迦さまもその一人です。**彼らの目指した苦を取り除く方法は、望み（都合）そのものを少なくするか、なくしてしまえばいいというものでした。そのために、物事をありのままに見て、自分の心のわがままを見つめます（本書はその指南書のようなものです）。**

「タクシーでワンメーターの距離なら、のんびり歩いていきますよ。そうすれば、途中の花や路地にも気づけるし、商店街を冷やかし半分で覗いていけますからね」と思っている人は、ゆっくり移動することを苦と感じません。出かけるのが面倒と思わない人は、苦もなくショッピングに出かけます。

ここで問題になるのは、自分の都合を少なくできるか、なくせるかという点でしょう。多くの人は、自分の都合を叶えることが自分の利益につながり、都合を少なくすることにメリットはないと考えるかもしれません。しかし、「これがいい」ではなく、「これでもいい」というふうに自分の都合を少なくすればするほど、「心がおだやかでいられる」時間と事が増えていくという利益が得られるのです。

最終的に「利益を得る」という都合（欲）も少なくすれば、心おだやかになって、「何かやって、自分のためにしようなんて思っていませんよ」と平気な顔をしてなんでもできるようになります。

人生は、毎日、何本もの一本橋を渡るようなものです。こちらが渡ろうとすると、向こうからも人が来ます。二人でランチを食べようとして、一人が「イタリアンがいい」、もう一人が「日本そばがいい」と言うのです。家族でペットを飼うことが決まったのはいいけれど、猫と犬のどちらにするかの意見がぶつかるのです。

たまたま自分の意見が通らずに、相手の都合が優先されたからと言って目くじらを立てるような大ごとは、人生ではほとんどありません。日本そばが食べられなかったら、別の機会に食べればいいのです。猫でも犬でも、飼えば可愛い家族になります。

一本橋の向こうから人が来たら、「向こうへ行きたい」という自分の都合は都合として、ちょっと横にずれて「お先にどうぞ」と道を譲れば、自分の心が楽になります。

ネガティブな感情が起きたら、まず、自分のどのような都合が叶わないからこんな気持ちになるかを確認してみてください。そして、その都合は小さくできないか、少なくできないかを考えてみてください。

「私の都合など、たいした都合ではない」と割り切れることは、あなたが思っているよりずっと多いものです。そう考えられれば、イライラせずにすみます。おおらかに生きていきましょう。

怒りたくなるのは、自分の都合通りになっていないから。自分の都合通りにしようと思わなければ怒らないですみます。これが怒りを鎮めるための仏教の基本的な方法です。

どうにかしたい。ぶり返してくる「しつこい怒り」への対処法

何度もぶり返してくるしつこい怒りに翻弄されることがあります。こちらは平穏な日を過ごしたいのに、怒らせる相手がいたり、怒りたくなる現象があるのです。

人格的にゆがんでいる人の言動にたびたび嫌な気持ちになることもあれば、公共道徳に反する身勝手な行為（ポイ捨てなど）を目にした時、あるいは気持ちを理解してもらえなかったり、否定されたりする場合などが、怒りたくなる時です。

怒りは仏教で、心をおだやかにさせない三大煩悩の一つの「瞋（しん）」（あとの二つは貪（むさぼ）りと愚（おろ）かさ）。瞋は心を乱し、相手に敵意を持ち、害を与えようとするなど多くの弊害を生むので厄介です。

仏教では、怒らせる対象をどうにかしようとするのではなく、怒っている自分の心に目を向けて、心をおだやかにしようとします。

人は誰でも、自分の都合通りになれば怒ったりしません。自分のことを理解してくれる人に怒りの感情はわきません。道路にゴミを捨てる人がいなければ眉をひそめなくてもすむのです。

怒りたくなるのは、自分の都合通りになっていないからです。だから、自分の都合通りにしようと思わなければ怒らないですむ——これが「瞋」を鎮めるための仏教の基本的な方法です。

では、どうすれば怒りを抑えることができるのでしょう。具体的な手法はどこかのお経に書いてあると思うのですが、八万四千もあると言われるお経をすべて読んでいるわけではないので、私の経験からお伝えします。

まず、怒りの対象に共感することです。特定の人間の言うことややることが嫌で仕方がない場合は、どうして相手がそんなことをするのかを考えてみるのです。不遇な幼少期を送った、裏切りにあった、損得や勝ち負けの価値観しか持てなくなったなど、察することはできます。

察することができれば「あんなことを言ったり、したりするのも仕方がない」と思えます。こうなると、怒りが哀れみに変わります。

相手にしてみれば見下げられたようでますます言動が過激になるでしょうが、こちらがわかっていればそれでいいのです。相手を哀れむことができるようになれば、次にひどいことを言われても半日もすれば忘れてしまい、怒りがぶり返すことは少なくなります。

これは、**相手と同じ土俵に立たないということでもあります。相手は損得や勝ち負けという土俵で暴れているだけです。**こちらがその土俵に上がらなければいいのです。

公共道徳に反することをしている人に対しても同様で、ポイ捨てをする人のことは「自分勝手なことをしていてはマズイと、いつ気づくのだろう。一日も早く気づけますように、頑張れ」と祈り、励まします。

もう一つは、**怒りたくなることがある場合、似たようなものが自分の中にあるかもしれないと疑ってみる方法です。**

自分はやりたくても我慢していることを誰かが目の前でやれば、「私は我慢してやらないでいるのに、それをワガママ放題にやるとは何事だ」と怒りたくなります。その場合は、自分にも誰かを怒らせる種があるということです。

古歌に「よしあしのうつる姿の影法師よくよく見れば我が姿なり」とある通り、**人の気持ちを察しようとしない相手は自分の姿の投影かもしれないと思えば、怒りの種がとり除かれていきます。**

自分の怒りに手を焼いている人は、根気強く対処していく覚悟を持ちましょう。

第3章

落ちこみ、凹んだ時の脱出法

悲しみのただ中にいる時に、「元気出して」などの励ましの言葉をかけるのはNG。励まされると、無理をしてカラ元気を出したり、元気が出せない自分を責めたりするからです。

悲しんでいる時も、笑っている時も、同じ時間

長年つれそった大好きなご主人が亡くなり、悲しみにくれて家に閉じこもる日が多くなったある日、三十代の息子が母に言いました。

「お母さん、どこにいても悲しくて仕方がないなら、家にばかりいないで外に出てやりたいことをやってみたらどうだい」

そう言われた母親は「確かにその通りだ」とハッとして、積極的に外出するようになりました。すると、友だちと会った時にもご主人のことを少しずつ話せるようになり、悲しみが徐々に癒えていったとおっしゃいます。

一般的に、親しい人を亡くして間もない人に「辛いでしょう」「悲しいでしょう」と共感するのはいいのですが、「元気出して」などと励まさないほうがいいとされています。

「元気が出せない状態なのに励まされると、無理をしてカラ元気を出し、そのために一人になった時一層辛くなります。あるいは元気が出せない自分を責めることになるからです。

それを理解した上で、**悲しみの底から上を見上げる余裕ができた頃に、「元気出して。あなたにはまだやることがあるでしょう」と気づきのきっかけを提示したり、あるいは励ますことは良いことだと言われています。**この息子さんの言葉は、元気を出せと言っているわけではありませんが、タイミングはぴったりだったのでしょう。

それまでの彼女は、外に出て別の夫婦が仲良く歩いている姿や、笑顔で井戸端会議をしている元気な人たちの様子を見るのも辛かったのでしょう。周囲の人たちの当たり前の日常の景色を、「あの人たちに比べて私は……」と対比させて落ちこんでしまう自分をよく知っていたのだと思います。

それが息子さんのひと言でうらやましさを妬ましさに変えることなく、「比べていても仕方がない」と気づけたのです。

こうした気づきはとても大切です。悲しんでいる時だけでなく、怒っている時も「怒っていても、笑っていても同じ時間だ」と気づける冷静さを持てたらいいですね。

「泣くも一生、笑うも一生」の一生を、数時間や数日などの短い時間に置きかえると、愉快な時間が今よりずっと増えていきます。

朝は必ずやってきます。
早起きして朝の空気を吸ったり、
昇る朝日に手を合わせたりして、
大いなるマンネリの良さを実感しましょう。

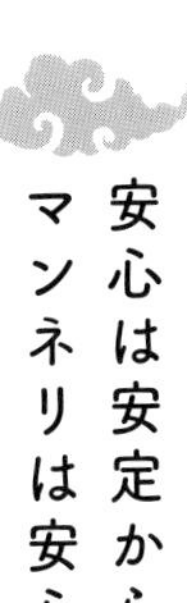

安心は安定から生まれる。
マンネリは安心を育む土壌

マンネリという言葉は、芸術作品や文学作品の表現方法や内容に目新しさや独創性がない時に使われ始めた言葉だそうですが、今では日常生活にまで使われるようになりました。

恋人や夫婦の関係、仕事などは言うに及ばず、料理のレパートリーやテレビ番組にも使われ、人はそれを「面白くない」「代わりばえしない」と嫌がり、躍起になって新機軸を打ち立て、特殊性を謳って差別化を計り変化を生み出そうとします（そうしつづけることがマンネリになるというパラドックスを生むこともあるのですが)。

ある時、若い仲間から「お寺っていつでも、どこでも、やっていることがだいたい同じですよね」と指摘されて返す言葉なく行き詰まり、開きなおった瞬間にマンネリの偉大さに気づきました。

仏教は二千五百年間、ほぼ同じことを言いつづけています。マンネリ番付があれば大関クラスでしょう。**仏教が目指すのは「悟り（いつでも、どんなことが起こっても心がおだやかな状態）」です。この目標は変わりませんから、仏教の教えは大いなるマンネリと言えます。**「仏教もマンネリから脱出するために、明日からの目標を『いつでも情熱を持って生きる』に変更します」と言えば、もはや仏教ではありません。

こうした経験から、私の中のあった〔マンネリ＝つまらない〕という方程式があっけないほど簡単に崩れました。「継続は力なり」の諺(ことわざ)もマンネリの持つ力を表したものでしょう。**多くの人が求めてやまない安心は、安定している状態から生まれますから、マンネリこそ、安心を育む土壌になります。**

こうしたことを実感するのに適しているのは、早起きして朝の空気を吸ったり、昇る朝日に手を合わせたりすることかもしれません。**マンネリの横綱とも言える朝に、「たいしたものだ。変化が多い世の中で、また朝がきたよ」と感じる時間を持ってみてください。そうすることで、マンネリのありがたさが感じられるようになります。**

変わらない毎日の中では、どうしても心が前向きになれないこともあるでしょう。それでも、くり返される朝は、気分をリセットできる貴重なひと時。マンネリは偉大です。

**「やればできる」という気概だけで成就するほど
物事は単純ではありません。
やらなければできるようにはなりませんが、
「やってみてもできない」ことはあるのです。**

「自信」がないならやめる。心の避難場所を作ることも大切

「もっと自分に自信を持ちなさい」と、「人の迷惑も考えなさい」は、私たちが子どもの頃から言われる言葉です。迷惑かどうかは相手の問題なので、こちらがいくら迷惑かもしれないと思っても、「ぜんぜん迷惑じゃないですよ」とあっけなく言われたりするものです。迷惑かどうか気にできるくらいの人は「ご迷惑かもしれませんが」とひと言添えれば、たいしたトラブルにはなりません。

その一方で、「自信を持ちなさい」は、単純にクリアできる課題ではありません。自分の才能や価値をいくら信じても、ことに当たってそれが発揮されるかどうかは未知数です。**「やればできる」は、できた人が言う言葉で、やってもできない人もいますし、やってもできないこともあります。**

私は小学生の時、鉄棒の逆上がりをいくら練習してもできませんでした。今でも、児童公園にある雲梯(うんてい)にぶら下がると恐くて手が放せず、次の棒をつかめません。高所恐怖症の人は展望台の窓ガラスに近寄れず、いわんや地上が丸見えのガラス張りの床の上に立てないのと同じです。本能が「ダメ!」と言っているのです。

自信は小さな成功体験を積み重ねることから生まれると言われます。赤ちゃんは倒れる動作を連続させると前に進むという体験の積み重ねが自信となり、歩き始め、やがて広い場所に行くと走り出したくなるまでになります。物心がつくと、蛇口をひねると水が出たという体験が、蛇口から水を出せるという自信になり、大人が呆れるような水遊びをするようになります。

こうした成功体験から得た自信がチャレンジ精神の原動力になり、私たちを前向きにし

ていくことは確かでしょう。動けば変わるし、動けばわかることもたくさんあります。だからこそ、人生を生きていくためのチャレンジ精神を培ってもらいたいと、「自信を持ちなさい」と再三にわたって言うのです。

しかし、「やればできる」という気概だけで成就するほど物事は単純ではありません。やらなければできるようにはなりませんが、やってみてもできないことはあるのです。

「あなたは世界を平和にする自信はありますか」と言われれば、「自分の家庭さえ平和にできるかどうかわからないのに、世界を平和にする自信などあるわけがありません」と答えるでしょう。世界平和という壮大な課題でなくても、「やったことがないことにチャレンジする自信はありますか」と聞かれた場合と事情は似たりよったりです。

自分では自信があると思っていることでも、すべては条件によって変化するという「諸行無常」は世の道理なので、条件によって失敗することはあります。

私は『般若心経』を間違えないで唱える自信がありますが、息継ぎをする時に、一緒に唱えている人が唱えるのをやめてしまうと、息継ぎをしている間の語句を拍が進んだものとして抜くか、息継ぎで止まった次の語句から唱えるかで大いに戸惑って、うまく唱えられなくなります。自信があっても状況によって、失敗するのです。

ですから、**いくら自信があっても、できるかどうかはその時になってみないとわかりません。自信がある人でさえそうなのですから、自信がない人はなおさら「やってみないとわかりません」とすましていればいいのです。**

「自信がないからやらない」は完璧主義の裏返しですが、自信がないならやめて、避難しておくのも選択肢の一つです。

小さな悩みや苦しみから一つ一つ開放されていくことを「別解脱（べつげだつ）」と言います。最初から完璧な人はいません。私たちが目指すのは小さな悟りの積み重ねです。

この世は迷いと苦しみに満ちている

お釈迦さまが生きていた時代、死んでから生まれ変わるという輪廻（りんね）の思想は、インドでは当たり前の考え方でした。生前の行いによって次に生を受ける世界は六つ。

苦しみしかない地獄の世界。

全員が自分のことしか考えていない餓鬼の世界。

住人すべてが本能だけで生きている畜生(ちくしょう)の世界。
勝ち負けだけを価値観にしている修羅(しゅら)の世界。
いいことも悪いこともある人間の世界。
人間よりも長い寿命や強い力を持っているが、まだ苦しみの多い、毘沙門天(びしゃもんてん)、韋駄天(いだてん)、帝釈天(たいしゃくてん)などが住む天の世界。

お釈迦さまは、生まれ変わりつづける六つの世界はすべて迷いと苦しみに満ちていると して、輪廻の輪から解脱(げだつ)(脱出)する仏教を説きました。

現在、この考え方は日本では「輪廻は、迷いや苦しみをくり返してしまうこと」と、より実践的に読み替えされることが多くなってきました。私も同感です。つまり「ああ、またやってしまった」「どうして毎回同じようなことでこんなに嫌な気持ちになるのだろう……」と心が乱れることが輪廻です。**「輪廻は迷いの再生」と考えれば、生まれ変わる輪廻が信じられなくても、生きる上で大いに助けになります。**

お酒を飲みすぎて散々な思いをしても、懲りもせずつい飲んでしまう人は、酒に飲まれてしまうことから解脱できずにいるのです。「あんな思いはもうしたくない」と決心してお酒と上手につきあえるようになれば、バカな飲み方の輪廻から解脱したことになります。

他人の悪口を言って信頼を失ったことがあるのに、自分を優位に立たせようとして性懲（しょうこ）りもなく悪口を言っていれば、悪口という輪廻の中に留まっているのです。たとえ信頼を失っても、そこから学んで悪口を言わなくなれば、悪口から解脱したことになります。

楽しい食事の場やこれから出かけて気持ちよく過ごそうとしている人に向かって、日頃の鬱憤を晴らすように文句を言って、食事の場を台無しにし、あるいは嫌な気分で外出させたことに気づかなければ、**時を選ばずに言いたいことを言うという悪しき輪廻を堂々巡りすることになります。それに気づいて、文句を言うにも時を選ぶようになれば、他人から悪く思われることも少なくなります。**

このように、小さな悩みや苦しみから一つ一つ開放されていくことを、「別解脱」と言います。**最初から完璧な人はいませんから、私たちが目指すのは別解脱でいいのです。一つ一つの小さな悟りの積み重ねです。**

私たちは過去の失敗のほとんどを忘れて生きていると言われます。脳が失敗などのネガティブな記憶を封印する機能を備えているそうですが、忘れてしまうので、「またやってしまった」と何度も後悔し、他人からは「懲りない人だ」と呆れられます。

私は自分で「また、やってしまった」「懲りていないな」と思った時は、重みのある「まだ輪廻している」という言葉に言い換えることで、より深く心に刻み、なんとかしようと試みます。

苦しみや迷いの輪廻を少し意識して、あなたも小さな解脱を積み重ねてみませんか。目に見える成果が数年で現れ、心が乱れることが劇的に少なくなることでしょう。

お酒は悩んでいることに別の視点があることを教えてくれます。飲み方次第で良薬になります。忘れるためではなく、解決するために飲むのです。

感情が波だった時のお酒とのつきあい方

仏教の不飲酒（ふおんじゅ）は、お酒はなるべく飲まないという戒（かい）（戒は自主的規制。律は他から強制されるもの）。しかし、殺生（せっしょう）などと違って、酒そのものが悪いと言っているわけではありません。酒を飲んで心の箍（たが）がゆるんで、悪いことをする人が多いことからできた戒です。

古来、お酒にまつわる名言はたくさんあります。

「酒は礼に始まり、乱に終わる」を筆頭に、「飲んでいる時は飲み足らず、飲み終わるといつも飲みすぎている」「酒は貧乏人でも金持ちでも、贔屓しないで酔わせてくれる」「一杯目は人が酒を飲み、二杯目は酒が酒を飲み（酒が酒を呼ぶということ）、三杯目は酒が人を飲む」「水で溺れそうになる人より、お酒に溺れる人のほうが多い」などは、私が飲み始める前の釈明でよく使う言葉。

その中でも、「憂いを払う玉箒」は、講談などの台詞の中で使われる言葉で、お酒の効用をよく表しています。**玉箒は昔、正月の初子の日に蚕を飼っていた部屋を掃除するのに使われていた玉飾りがついた箒だそうです。そこから、心を覆う埃やモヤモヤを払う意味で、酒の異称として使われるようになりました。**

お酒は気を大きくさせます（これが「酔っぱらいというのは、あれは、バカでございます」と言われる所以ですが）。小さな悩みや憂いなら、雲散霧消してしまいます。「ですから、飲めない人はお気の毒です」と書けば、下戸の人は「飲まなくても考え方一つで憂いは解消する」と反発したくなるでしょう。しかし、経験上、解消のスピードが違うのです。

何かで失敗して自分の不甲斐なさに嫌気がさした時に飲めば、「やらなかったわけではない。やるだけやって失敗をしたんだ。失敗は成功のもと。この失敗をいつか笑って人に言えるようになるはずだ」とグラスを空にできます。

失敗したせいでやらないといけないことが増えた時に飲めば、「どんなに煩雑な手続きでも、一つ一つ片づけていくしかない。そうすれば、必ずケリがつく」とウンザリ気分が酒に溶け、一歩踏み出す勇気がわいてきます。

相手に誤解され、虚しさで心が覆われた時にグラスを傾ければ、「なーに、人の感じ方はそれぞれだ。自分が思うように相手が思ってくれるという理(ことわり)はない。誤解したい人にはさせておいて、私は自分のやるべきことをやろう」と、お酒で血行が良くなるからでしょうか、心の凝(こ)りもほぐれていきます。

何かを忘れるためにお酒を飲む人がいますが、お酒の力で嫌なことを忘れようとすれば、酔いが醒めた時、忘れたいことが濃縮されて脳裏に蘇ってくるので逆効果。**お酒は悩んでいることに別の視点があることを教えてくれるので、飲み方次第で良薬になるのです。忘れるためではなく、解決するために飲むのです。**

まるで自己弁護のために書いているような気がしてきました。しかし、冒頭の不飲酒で述べたように、お酒そのものが悪いわけではありません。包丁が使う人によっては凶器にもなり、美味しいお料理を作る道具になるように、お酒も飲む人の心がけ次第で良くも悪くもなるのです。

世の酒飲みの方々は、「私が酒を好きなのじゃない。酒が私を好きなのだ」と酒を悪者にせず、「酒は良き友」と言えるようなつきあい方をしましょう。

ちっぽけなことを気にしている自分を
「まだまだ」ととらえ直し、せっかく生まれたのに
自分で自分を嫌っているなんて、
「まだまだ」だと思いましょう。

「だめ」ではなく、「まだまだ」と思うこと

私が小学校の時に、ドリルやテストに先生が押してくれたハンコの種類は「大変よくできました」「よくできました」「ふつう」「もう少しです」「がんばりましょう」の五種類でした。桜の花のマークや、丸の中に言葉があって、風情を添えていました。

時を経て、我が家の子どもたちの担任の先生が使っていたのは「すばらしい」「やったね」「そのちょうし」「もうひといき」「がんばって」の五つ。子どもの心をよりやる気にさせ

るバージョンに代わっていました。調べてみると、現在では上から「完全無欠」「前途洋々」「平穏無事」「七転八起」「絶体絶命」という茶目っ気たっぷりのものもあります。きっと塾などで使われているのでしょう。

五種類の中に「不合格」のハンコはありません。これは人生にも当てはまるでしょう。**人生で起こること、起きたことに不合格はないとすれば生きる勇気がわきます。**

仮に現実的には不合格のラインでも、先生が子どもを育てるように、自分が自分を育てる人生の最悪の評価は「がんばりましょう」か「がんばって」か、せいぜい「絶体絶命」までなのです。

仏教でお経を唱える前に懺悔文を唱えます。

「我れ昔より造りし所の諸々の悪業は、皆、無始の貪瞋癡に由り、身語意より生ずる所なり。一切、我れ、今、皆、懺悔したてまつる」

私は昔から貪りや瞋りや癡かさのためにいろいろ悪いことをしてきましたと、自分の不甲斐なさ（仏教では無明）を自覚するための文言です。**「私はだめだ」**でなく、**「私はま**

だまだ」という自覚をした上で、向上心を持つ決意表明です。ハンコなら「もう少しです」「もうひといき」「七転八起」に当たるでしょう。

何年も前に言われたひと言が忘れられない自分を嫌う人がいます。そんな時は、まず「私って、まだまだだなぁ」と笑えばいいのです。ちっぽけなことを気にしている自分を「まだまだ」ととらえ直し、せっかく生まれてきたのに自分で自分を嫌っているなんて、まだまだだと思うのです。

自分を嫌うために生まれてきたのか、そのためにこの歳まで心臓を動かしてきたのかを自問自答してみると、決してそうではないことに気づき、心のモヤが晴れてくることでしょう。

失敗したことと自分がなんらかの関わりがある場合、会社であろうと家族や親戚であろうと、自分もその一員であるという意識があれば、謝らなければならない時があります。

謝罪は多少なりとも相手の心をゆるませることがある

大学生の時、カリフォルニアに二週間ホームステイさせてもらいました（「ホームステイしました」と客観的に書いてもいいのですが、親がお金を払ってくれたので「させてもらった」と書かなければ申し訳ありません）。

ホームステイすることを先輩に言うと「アメリカでは、簡単に謝ってはいけない」とアドバイスしてくれました。品物を手渡した時、相手が手をすべらせて品物が落ちれば、日本人はつい「ごめんなさい」と言ってしまいます。これは「あなたがしっかり受けとったことを最後まで確認しないで手を放してしまって」という言葉が省略されているのですが、アメリカでは「今、『ごめんなさい』って言ったよね。ということは、あなたは自分に非があったことを認めている。だから弁償しなさい」となるのだそうです。日本人にとっては目茶苦茶な話です。

このオソロシイ話を聞いたからでしょう。私は「謝ることは自分の非を認めることで、責任を取らされる。だから言い訳はしたほうがいい」と思うようになり、家内に「あなたは謝ることを知らない。言い訳をするその口で、どうして先に謝れないの」と言われつづけて現在に至っています。

日本では、**たとえ自分に非がなくても、わざとでなくても、謝らなければならないことがあります。「ごめんなさい」「申し訳ありませんでした」というひと言で、固く閉じていた相手の心が開くことは少なくありません。**

一般の方から僧侶の悪口を聞くことがあります。「御布施が少ないと言われた」「意味のわからないお経だけ唱えて、法話もしてくれない」などキリがありません。若い時は「そんな坊さんだけではないのですけどね……」と言い訳じみたことを言っていました。

しかし、四十歳を超えた頃から、**〝批判は貴重なアドバイス〟〝悪口でも言ってくれているうちは期待してくれている証拠〟と思うようになり、「そうですか。それは申し訳ありません。坊主の一人としてお詫び申し上げます」と言えるようになりました。**すると、「いえ、あなたのことを言っているのではないのです」とかえって恐縮して、心の箍をゆるめてくれます。

ある時、布教をしたいと思っていた若い僧侶に、「癌患者やその家族が集まる会に出てみないか。勉強になるよ」と誘ったことがあります。彼は、患者や家族の心情や死に方、生き方についての生々しい現場に直面して、自分の無力さを痛感して一度きりの参加で「せっかく誘っていただいたのですが、あの会は僕には無理です」と落ちこんでしまいました。

私が誘ったせいで、僧侶としての自信をすっかりなくしてしまったようで、私は「誘わなければそんなに落ちこむこともなかっただろうに、ごめんね」と謝罪しました。以後の彼は、何事にも充分下調べをしてから取りくむようになりました。

自分に非がなければ謝る必要はないと思う人もいるでしょう。しかし、失敗したことと自分がなんらかの関わりがある場合、それは会社であろうと家族や親戚であろうと、**自分もその一員であるという意識があれば、謝らなければならない時や、謝ったほうがいい時があります。**

その時「私はあの過ちに一切関係ありません」とそっぽを向けば、自ら仲間から離脱宣言をすることになってしまう場合もあるのです。

わざとやったわけではないのだから大目に見てくれてもいいではないかと思うこともあるでしょう。しかし、それは人のやさしさに甘えているだけかもしれません。

謝れば許してもらえるかどうかはわかりませんが、謝罪は多少なりとも相手の心をゆるませることがあるのを知っておきたいものです。

すべてのものは「そこにあるべくしてある」存在。
それなりの役割を担っているという
肯定観を持ってほしい。
自分の存在を否定的に考えないようにしましょう。

自己肯定感が心を強くする

お寺から歩いて五分ほどの所にある都立公園。大人が草野球をできるグラウンドが一面、子供用が四面、テニスコートが八面あります。滑り台や雲梯などの遊具が配置された区域が二カ所ある他に、芝生広場やバーベキュー広場もあります。その合間を縫うように幅八メートルほどのアスファルトの道が蛇行して走っています。

かつて軍用飛行場になるはずだった土地に作られたこの公園を、私は、三日に一度くらいの割合で犬を連れて散歩します。

園内に植えられているのは、欅（けやき）、椎、桜、梅、銀杏、メタセコイア、ツツジなどの他に、こじんまりしたアジサイ園もあって、四季おりおりで姿を変えます。

この公園を歩くたびに、「ここには、無駄な木や草は一つも生えていない」とつくづく思います。

地中に力強く張った根をそのまま引っこ抜いて、上下を逆さまに植え直せばほぼ同じ形になるのではないかと思える立派な枝振りの落葉した欅。

細く尖った芝生の葉は私の靴に踏まれて草臥れてしまったように横に倒れますが、数時間後には元に戻って、寝そべった半ズボンの子どもの足をチクチクさすでしょう。

コンクリートの縁石に封印されていた小石も、老朽化によって中からコロリとこぼれ落ちます。黒いアスファルトの上に落ちた鼠色の小石は、夏休みにみんなが日焼けしている中で、一人色白の肌をしている小学生のように恥ずかしそうです。

開園当初に植えられた木の中には、防犯や景観のために根元から伐採されたものもありますが、現在、公園内にあるもので、無駄なものは一つもありません。公園を管理している人によって、そこにあっていいと認められてそこにあるのです。

視野を広げてみると、**この地球に、否、宇宙に存在するものすべては、そのように「そこにあるべくしてある」存在なのだと思います。**全体のバランスを崩すようなものは、全体の調和を保つために淘汰されるのは自然の摂理ですから、仕方ありません。「あなたの役目はこれで終わりです。ご苦労さまでした」と自然が言っているのです。

私は、会社でリストラされそうな人に向かって「あなたは社内で不要だから排除されるのだ」と納得させたいわけでも、事故や病気で若くして亡くなった人に「あなたはこの世での役目が済んだから亡くなったのだ」と冷たく申し上げるつもりもありません。

そこにいる、そこにあるという存在自体が、それなりの役割を担っているという肯定観を持っていただきたいのです。「私なんかいなくてもいい、いても仕方がない、いないほうがいい」と自分の存在を否定的に考えてしまう時、そんな考え方をしなくてもいいと申し上げたいのです。

社会の中でしか自分の存在意義を発見できない人は、たとえライフラインが充実し、食料に困らない無人島（あるとすればリゾートアイランドくらいでしょうが）ではなんの充実感も味わえずに悶え苦しむことでしょう。

しかし、今日も大海原に浮かぶ一本の木の枝にとまって羽を休める孤独な渡り鳥がいるのです。私が犬の散歩をしなくても、公園では子どものやわらかい肌をチクンとさせる芝の葉は少しずつ伸びているのです。**あなたも私も、「そこにいていいよ」という堂々たるお墨付きを自然からもらっているのです。**

このようにして得られる自己肯定感は、あなたを芯から強くしていきます。

世の中は思惑通りにはならないもの。

毎日気持ちが充実するなどということはありません。

「気持ちが満たされない日があるの仕方がない」

と諦めましょう。

気がかりなことを処理することで
心が晴れていく

体調は悪くないのに、なんとなく気持ちが満たされないと感じることがあります。こうした状態をバイオリズムで説明しようとする手法は、今でも〝占い〟の中にほそぼそと生き残っているようです。

しかし、バイオリズムの考え方は、睡眠や女性の生理、鳥の季節移動など、周期的な生体変化を説明するために使われるもので、それを感情の変化に当てはめるには無理があると私は思っています（ネットで調べてみると、感情は二十八日周期で変化するとありますが、科学的根拠はどこにも見当たりませんから、やはり占いのレベルでしょう）。

そうは言っても、**実際に気持ちが満たされない日はあります。そんな時は「まあ、こんな日もあるさ」と呑気（のんき）に構えていればいいでしょう。**

天候や人間関係をはじめとして、世の中は自分の思惑通りにはなりません。自分の思い通りにならないことが起これば気分が沈むこともありますし、イライラすることもあります。ですから、毎日気持ちが充実しているほうがおかしいのです。――こうしたことが明らかになったので、私は「気持ちが満たされない日があるのは仕方がない」と諦められるようになりました。ちなみに**「明らめる」と「諦める」は同源で、物事のあり方を明らかにしないと諦めることはできません。**

私の場合は、経験上、気持ちが満たされないと感じる筆頭はお酒を飲みすぎた翌日ですが、次にくるのは、やらなければいけないと思ったことをやっていない時です。

洗濯しようと思ったまま洗濯機の前に衣服がたまっている、いただいた手紙の返事を書いていない、読まなければならない仕事の資料を読んでいないなど、放置していたことが一つでなく複数になれば、心が晴れることはありません。

仏教ではこうした状態は懈怠（けだい）（怠ける心）という煩悩（ぼんのう）によるとします。これが明らかになれば潔く諦めて、一つ一つ片づけていくしかありません。気がかりなことを処理することで、心は晴れていきます。

ここまでは気持ちが満たされない時の、知恵による対処法ですが、感性で対処する方法もあります。

やるべきことがあるのに、それさえやる気にならない時は、散歩に出るのもいいものです。散歩している間は、五感を開放して考えることを放棄します。

雲があれば「空に雲がある」とだけ受けとります。どの方角に雲が流れているかなど考えません。鳥の鳴き声がすれば「どこかで鳥が鳴いている」とだけ意識します。どんな鳥だろうとは考えません。いわば心をニュートラルにするのです。気持ちが満たされないとか満たされるという感覚にもとらわれない訓練です。

そうすることで気持ちが満たされないという気持ちも嫌がることなく、自然に受け入れられるようになります。

この手法は音楽療法に似ているかもしれません。私たちは、失恋した時には失恋ソングを聴きます。無理にテンションを上げようと陽気な歌を聴けば、尚更自己嫌悪に陥るので、自分の気持ちとシンクロする音楽を聴くのです。そこから、徐々に明るい曲を聴いていけば、それにつれて気持ちも元に戻り始めます。

何も考えないで、外の情報を五感で受けとるだけの散歩を終えれば、心は地ならしされた平らな地面のようになっています。

あとは美味しい料理が食べられる、友だちがいる、やるべきことをやっているなどの身近な幸せに気づけばいいのです。腹八分目が体に良いように、心の満たされ具合も八分目ぐらいが、余裕ができて丁度いいものです。

郵 便 は が き

料金受取人払郵便

神田局承認

4687

差出有効期間
2020年3月
31日まで

101−8791

509

東京都千代田区神田神保町 3-7-1
ニュー九段ビル

清流出版株式会社 行

フリガナ		性 別		年齢
お名前		1. 男	2. 女	歳
ご住所	〒 TEL			
Eメール アドレス				

お務め先 または 学校名	
職 種 または 専門分野	
購読されている 新聞・雑誌	

※データは、小社用以外の目的に使用することはありません。

心が晴れる知恵
下町和尚が教える、気持ちの切りかえ方

ご記入・ご送付頂ければ幸いに存じます。　初版2018・8　**愛読者カード**

❶本書の発売を次の何でお知りになりましたか。

1新聞広告（紙名　　　　　　　　　　　）2雑誌広告（誌名　　　　　　　　　　　）

3書評、新刊紹介（掲載紙誌名　　　　　　　　　　　　　　　　　　　　　　）

4書店の店頭で　　　5先生や知人のすすめ　　　6図書館

7その他（　　　　　　　　　　　　　　　　　　　　　　　　　　　　　　　）

❷お買上げ日・書店名

年　　月　　日　　　　　　　市区町村　　　　　　　　　　　書店

❸本書に対するご意見・ご感想をお聞かせください。

❹「こんな本がほしい」「こんな本なら絶対買う」というものがあれば

❺いただいた ご意見・ご感想を新聞・雑誌広告や小社ホームページ上で

(1) 掲載してもよい　　(2) 掲載は困る　　(3) 匿名ならよい

ご愛読・ご記入ありがとうございます。

第４章
心が楽になる発想法

自分にできることは何かを明確にし、それを実践したら、あとは「時と人が揃わないと物事は成就（じょうじゅ）しない」と腹を据えて、縁が揃うのを待つしかありません。

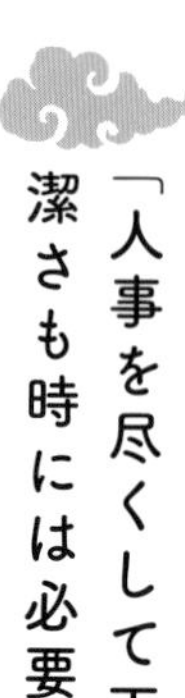

「人事を尽くして天命を待つ」という潔さも時には必要

勉強しないでテストに臨んで結果を心配する人、自分で人生を楽しんでいないのに自分を楽しませてくれる恋人が欲しいと思っている人がいます。そういう人は、買わないのに宝くじが当たるかもと期待しているようなもので、自分の目標達成のために、やることをやっていない人です。

もちろん、やることをやったからといって、目標が達成されるとは限りません。世の中

には、自分の力だけではどうすることもできないことが、佃煮にできるくらいあるのです。

大学入試で「玄米を精米して出る粉末を使って漬ける漬け物を一般になんと言うか」という、私がやった受験勉強がなんの役にも立たない問題が出ました。「こんな問題を出す大学は僕には向いていない」と心が折れ、そのあとの問題を解く気力がなくなって、入試に落ちたことがありました。

また、私がどんなに人を喜ばせようとしても、好意以上の感情を表してくれる人が一人もいないので、ついに「僕に恋心を抱く人は、その思いを僕に伝えられない人たちばかりに違いない」と自分を納得させたこともありました。

まったく世の中は、自分の努力だけではどうしようもありません。しかし、努力しなければ目標に近づけないのも事実。宝くじを当てたければ買わなければなりません。

知っておきたいのは、目標が達成されるかどうかは別にしても、それまでに自分ができることはなんなのかを明確にしておくことです。

人に助けてもらいたいと思うなら、自分も人助けをしておくことです。自分は人助けも

しないで、相手に助けてもらおうと考えるのは了見違いです。

ご飯を美味しく食べたければ、それまでにお腹をすかせておくのは当然です。そこに気の置けない仲間を誘えば「美味しいご飯を食べる」という目標により近づきます。

このように、**自分のできることをやったら、あとは「時と人が揃わないと物事は成就しない」と腹を据えて、縁が揃うのを待つしかありません。**やるだけやったら、あとは待つ――〝人事を尽くして天命を待つ〟という潔さを持ちましょう。

すべては集まってくる縁によって変化します。こだわりを捨て、心に余裕を持って、「まあ、こんなところかな」の心境で暮らしていくのもいいものです。

白黒はっきりさせるばかりが、いいのではない

ある上司が仕事帰りに部下数人を誘ってカフェに立ち寄りました。「お疲れさまだったね。今日は私がご馳走するから、なんでも好きなものを頼んでいいよ」という滅多に聞かない言葉に部下たちはメニューを見て、それぞれ好きなものをオーダーします。

しばらくたって会社に帰ってきたのは上司一人。

「あれ、何人かと一緒だったんじゃないんですか?」と同僚が聞くと、「そうだよ。聞いてくれよ」と訴えます。

「僕は、好きなものを頼んでいいって言ったんだ。そうしたら、『それじゃ、私はカフェラテでいいです』とか『キャラメルマキアートでいいです』とか言うんだ。好きなものを頼むんだから『〜がいい』と言うべきだろう。最後の一人なんか『じゃ、エスプレッソのトリプルでいいです』だとさ。『〜でいいです』の前に『じゃ』だぞ。じゃ、水でいいですなら話はわかるよ。一番高いものを注文しておいて『じゃ、〜でいいです』ってなんだよ！　頭にきたから先に帰ってきたんだ」

この話を聞いてから、私は好きなものをどうぞと言われた時には「〜がいいです」と言うようになりました。遠慮のつもりで「〜でいいです」と言うことがありますが、右のような状況では「〜がいいです」と言ったほうが相手は喜んでくれます。

しかし、**私たちの日常では「〜がいい」ではなく「〜で（も）いい」としたほうが、心はずっとおだやかでいられます。**「〜がいい」は、それ以外は嫌ということで、一つのこだわりでしょう。

すべては集まってくる縁によって変化してしまうので、こだわらないほうがいいというのが、仏教がたどり着いた一つの結論なのです。

実際、あなたも人生の多くの場面で「〜がいい」とこだわらなくてもたいした違いがなかったでしょう。

何を食べるか、着るものをどうするか、ゲームをするか、本を読むかから始まって、果ては「まあ、この親でもいいか」と納得し、「この学校でもいい」と妥協し、「人生はこんなものだ」と無理に白黒をつけずに楽しくやってきたでしょう。

あまり固く考えずに心に余裕を持ってこだわりを捨て、「まあ、こんなところかな」の心境で暮らしていくのもいいものですよ。

コスパに魅力を感じたら、それが、自分にとって労力を傾ける価値があるのか、対価を払う価値があるのかを吟味することは、長くもない人生の中ではけっこう大切です。

コスパのよい物と、欲しい物は違う。貧乏性からの脱出法

コストパフォーマンス（以下コスパ）が良ければ、不要な物でも買いたくなる人がいると聞いてビックリしました。子どもだって、そんなことはしません（否、子どもはもともと欲しいものにしか興味がないのかもしれません）。

欲しいという興味とは別の〝品質のわりに値段が安い〟という大人の価値観ゆえなのでしょう。このような性格を貧乏性と言います。

国語辞書の多くは「ゆとりのある気分になれずに何かにつけて、せこせこ、くよくよする性質」と解説していますが、ヒトクセある解説で有名な『新明解国語辞典』だけは、この説明の前に「貧乏でもないのに」が添えられているのを見ました。

このひと言のおかげで、私は貧乏性になるために歳をとったわけではないと思い、五十歳を機に貧乏性から脱出する意を固めました（脱出の仕方は最後にお伝えします）。

バイキングのお店で食べきれないほどの量をテーブルに運ぶ人、バーゲンや福袋、タイムサービスと聞くと居ても立ってもいられない人、人の話はあまり聞かないのに商店街の「無料」「もれなく」「限定」の声に鼓動が速くなる人、包装紙や輪ゴム、紐、クリップを使う予定もないのに後生大事に保管する人、年で数円しか利息がつかない普通預金を数十円の利息をもらえる定期預金に変更するために、ガソリン代と駐車場代をかけて金融機関に出かける人、年金で暮らしていけるはずなのにお寺の境内の仏さまにあげられたお賽銭を盗んでいく人（これは窃盗罪ですから併記するのは変ですが）もいます。

隣人がアングリ口を開けるような貧乏性の振る舞いをするようになったら、貧乏性の定くよする性質」にしたほうがいいでしょう。

人情としてコスパに魅力を感じるのはわかります。しかし、コスパがいい物と自分が欲しい物は別でしょう。

コスパに魅力を感じたら、まず、自分がそれを本当に欲しい物かどうかを考えたいものです。本当は欲しくないとわかれば貧乏性の殻を一枚脱いだことになります。

次に、欲しい理由を分析します。欲しいのですからどんな身勝手な理由でも、理由があるはずです。自分の物にすれば嬉しいのか、便利だから欲しいのかなどです。

そして、それを手にして本当に使うのか、片づける場所はあるのかを考えてみます。あっても使わない物、しまう場所が確保できそうもなければここで諦めます。こうすることで、貧乏性の殻がまた一枚はがれます。

最後は〝今の〟自分に必要かどうかです。必要なら財布と相談して決めればすみます。今でなくても、来週や来月くらいの近い将来ならいいでしょうが、数年後、いわんや〝いつか〟なら「今はいらないという意味だ」と考えることで、もう一枚殻がはがれます。

このように、

（一）本当に欲しいかを考える。

（二）どうして欲しいのかを分析する。

（三）本当に使うのか、しまう場所はあるかを確認する。

（四）〝今〟必要なのかを再確認する。

という四つの段階をくり返していくと、貧乏性から脱皮できます。

貧乏性から脱出するためだけでなく、それが自分にとって労力を傾ける価値があるのか、対価を払う価値があるのかを吟味するのは、長くもない人生の中ではけっこう大切です。

それを少しだけ覚悟して、身心ともに身軽になってみませんか。

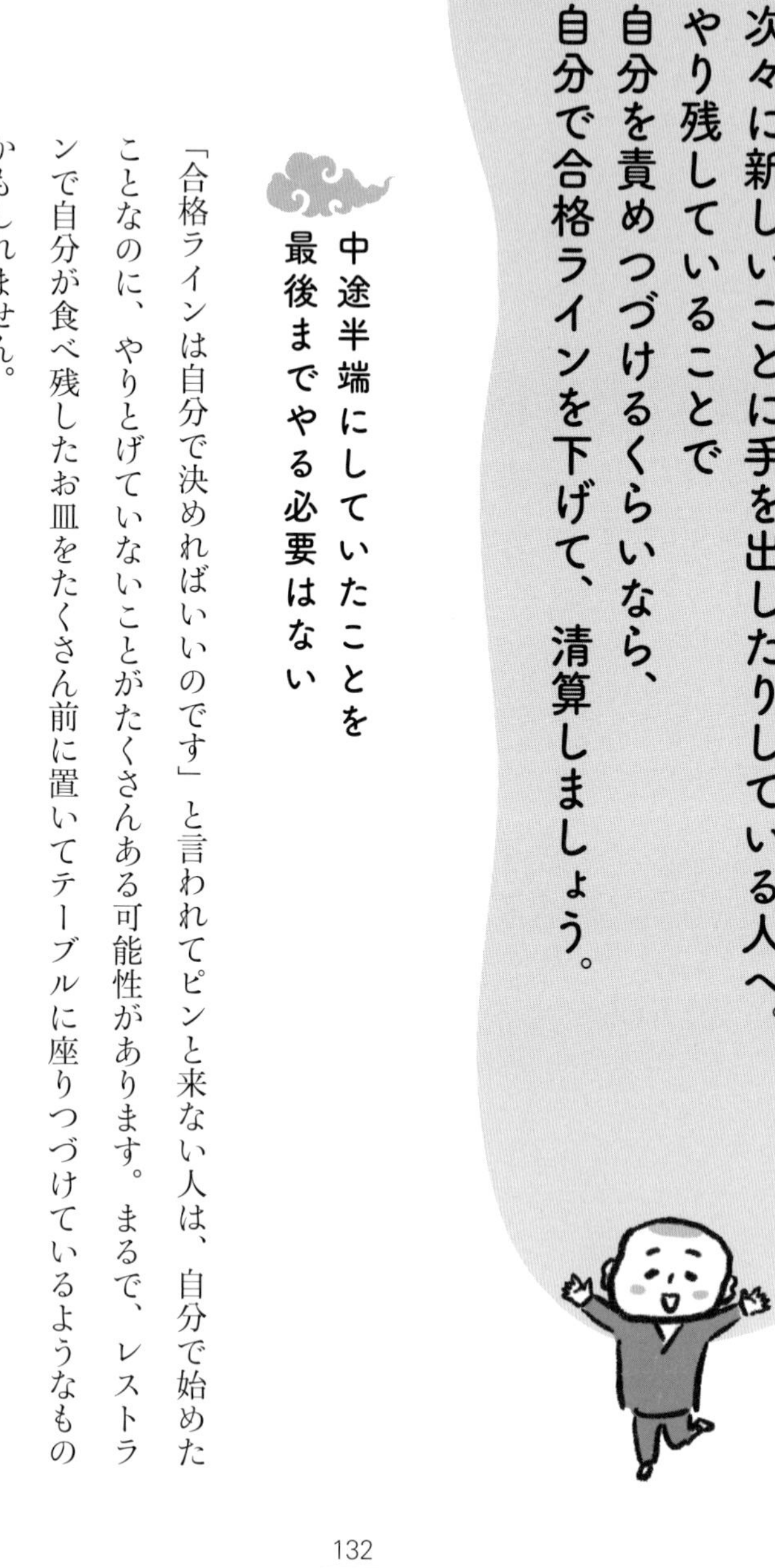

次々に新しいことに手を出したりしている人へ。
やり残していることで
自分を責めつづけるくらいなら、
自分で合格ラインを下げて、清算しましょう。

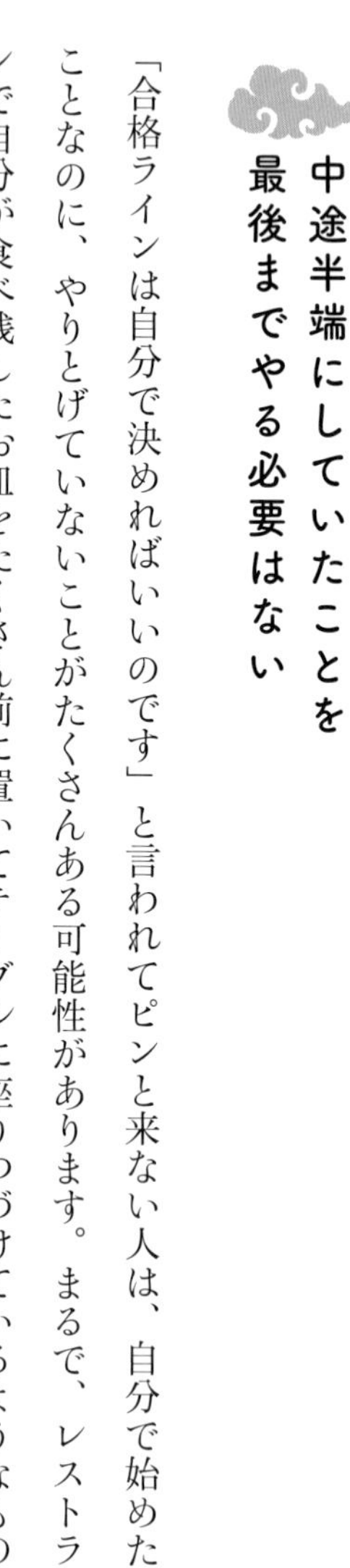

中途半端にしていたことを最後までやる必要はない

「合格ラインは自分で決めればいいのです」と言われてピンと来ない人は、自分で始めたことなのに、やりとげていないことがたくさんある可能性があります。まるで、レストランで自分が食べ残したお皿をたくさん前に置いてテーブルに座りつづけているようなものかもしれません。

撮りためた写真データを整理しようと思っているのにしていない人、元カレ（カノ）への未練をそのままにしている人、手作り品を作ろうと思ったのに、必要な工具を買う時間がないまま時間が過ぎて、テキストも材料も押し入れにつっこんだままにしている人などです。

言い換えれば、やり残したことがあるのを知っているのに「まっ、いいか」と放っておく人、別のことをやり始めて以前やっていたことを中途半端にしている人、そして、やっていたことや、やろうとしていたことをいつの間にか忘れてしまう人です。

中途半端にしていたことを最後までやる必要はありません。途中でも、そのままにしないで「これで合格」と決めて、一度清算したほうが、心はずっと軽くなります。

レストランで、食べ残しのあるお皿を「もう下げていただいて結構です」と宣言するのと同じです。

特に、最後までやりとげようとする責任感が強い人は、やり残していることがあると自分を責めますが、責めつづけるくらいなら自分で合格ラインを下げて、身心共にさっぱりさせて前に進んだほうがいいでしょう。**自分が他人からどう思われているかではなく、自分がどう思っているかが大切なのです。**

私の先輩は、四十代の頃から一つのことに集中するのは二年と決めて、さまざまなことに取り組んでいました。癌患者と語る会、自死願望がある人と手紙をやりとりする会、地元の消防団やＰＴＡなど、すべて二年で終わりにしています。二年間、誠心誠意取り組むことを自分の合格ラインにしたのです。

次々に新しいことに手を出して、中途半端になっている人は、自分でゴールを決めて身心ともに軽くなったほうがいいですよ。

石橋を渡った所に自分の求める何があるのかを見極めましょう。求める心の強さによって、叩かないで渡るもよし、叩いて渡るもよしです。

思いついて、即実行できる人もいれば、できない人もいる

「思い立ったが吉日」の諺そのままに、思いついたらすぐに実行に移す強者がいます。物事は人と時が揃わないと動きだしませんが、自分（人）と思いついた（時）が揃ったチャンスを逃すまいと、すぐに行動に出られるのでしょう。

そのような人は、やらないで後悔するよりも、やってみないとわからないと心の底から思っています。**仮にうまくいかなくても、数年後にはその経験も笑い話のネタになると思っ**

ています。とことん前向きです。

お寺にやってきたお年寄りが、あれをやりたかったと言うと、私は「やればいいじゃないですか」と励まします。

すると「でもねぇ、もうこの歳ですから……」と言い訳をします。

それを受けて私は「年齢を言い訳にしないほうがいいですよ。この先、今日より若い日はありません。今日が残りの人生の中で一番若いのです。だから、やるなら今日からですよ」と叱咤激励します。

多くの人が我が身の不甲斐なさを指摘された気がするのでしょう。しょんぼりした顔をして帰る姿を見て、今度は私が、

「ただ共感してもらいたかっただけだったのだ。自分に鞭打って頑張るならまだ納得できるだろうが、他人の私が鞭打ってしまえば、心が折れるわなぁ。我ながら嫌な坊主だ」

と、自らの不甲斐なさを自覚しました。

それからは「そうですか。今までできなかったこと、やり残したことは、あの世へ行ってからやればいいですよ」と言えるようになりました。

思いついてすぐに実行しない人は、石橋を叩いて渡る慎重派の人、危機管理がしっかりできている人でしょう。

問題なのは、石橋を渡った所に自分の求める何があるのかです。求める心の強さによって、叩かないで渡るもよし、叩いて渡るもよしです。

ちなみに、「善は急げ」は、『法句経（ほっくぎょう）』にある「善を為（な）すのを急げ。悪から心を退けよ。善を為すのにのろのろしたら、心は悪事をたのしむ」がもとになっていると言われています。

この場合の「善」は、しなければならない仕事を放って、そっちのほうが楽しいからと友だちとのバーベキューを優先したり、値上がりしそうな株を買って得をするということではなく、「将来にわたって心がおだやかになりそうなこと」です。

経験を積んだ年長者ほど口うるさくなるもの。
でも、年長者は経験を積んでいるので
頼りになる人は多い。
たまには甘えてみるのもいいものです。

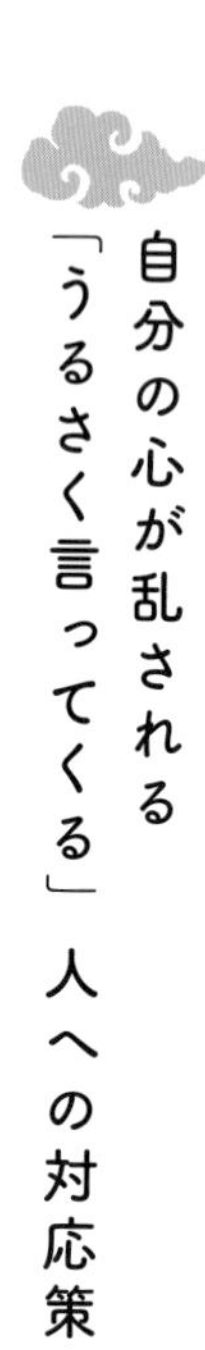

自分の心が乱される「うるさく言ってくる」人への対応策

世の中にはいちいち口うるさい人がいるものです。しかし、言われるたびに「うるさい」と心に波風を立てて一生を過ごしていくのは、もったいないことです。

相手がなぜいちいちうるさく言うのか、その理由を考えるだけで心の乱れが大幅に減っていきます。

もちろん、相手の言っていることに一理あれば、批判も貴重なアドバイスですから、聞く耳は持っていたいものですが、私たちはいちいちうるさい相手に過敏に反応して過ごすために生まれてきたわけではありません。

では、どうすればいいのでしょう。

人は失敗をたくさんして「こういう時はこうするのがいい」「こんな時はこうしないほうがいい」という方法にたどり着きます。

ネットの情報はあてにならない、大吟醸はお燗しないほうがいい、手紙は夜中に書かないほうがいいなど、あなたにも「これが正解」という、長年の経験からたどり着いたやり方があるでしょう。

それらは誰にでも当てはまる唯一無二の正解ではありませんが、少なくとも本人にとっては「間違いない方法」です。

ところが、目の前で自分と違ったやり方をする人はいるもの。すると、つい「そうじゃなくて、こうしたほうがいい」と言いたくなるのです。

中には「そのやり方は間違っている」と断言する人もいるでしょう。それは過去にそのやり方で自分が痛い目に遭っているか、散々な目に遭った人を見ているからです。いわば、**経験という根拠にもとづいた、「あなたのために言っているのだ」という親切心から出る言葉なのです。**

言われたほうがそれを知っておくのはとても有意義です。「私のやり方を否定して、自分のやり方を押しつけようとしている」と反発するほどのことではありません。

そこで、いちいちうるさい人への対応は、「きっと、あなたのやり方が正しいのでしょう。でも、あなたが失敗をしてその方法にたどり着いたように、私も自分のやり方で失敗をして、納得してそのやり方にたどり着きたいのです。ですから、この場は私のやり方でやらせてくれませんか」と伝えればいいのです（ただし、仕事の現場で責任を負っている上司には通用しません）。

ご承知のように、人生は経験がものを言うので、経験を積んだ年長者ほど口うるさくなる傾向があります。二十代の人でも、中学生や高校生が目の前で自分と違うやり方をすれば、つい「ああ、そういう時はね……」と言いたくなるのです。

経験から何も学んでいなければ仕方ありませんが、**年長者はそれだけの経験を積んでい**

るので頼りになる人は多いもの。たまには甘えてみるのもいいものです。自分が経験したことが他人の役に立つことなら、喜んで力を貸してくれるでしょう。

私の場合、いちいちうるさい人が家族の中にいます。しかし、右の道理を和やかな会話の中で共有したおかげで、何か言われるとニコリと笑って「いちいちうるさいな」と返すようになりました。

すると、相手は私の思いを理解できる心の余裕が生まれます。相手もニヤリとしながら無言のうちに「また、自分のやり方を他人に押しつけるような言い方をしてしまった」という小さな反省も生まれて、良い関係が持続できるようになりました。

あなたも根気強く、「いちいちうるさく言いたくなる理由」を、いちいちうるさい人と、楽しい雰囲気の中で共有してみてください。そうすれば、この先の人間関係がずっと円滑になりますよ。

自分は他人のことをわかろうとしないで、
自分のことはわかってほしいと思うは
フェアではありません。
まずは自分が他人のことを理解する努力をしましょう。

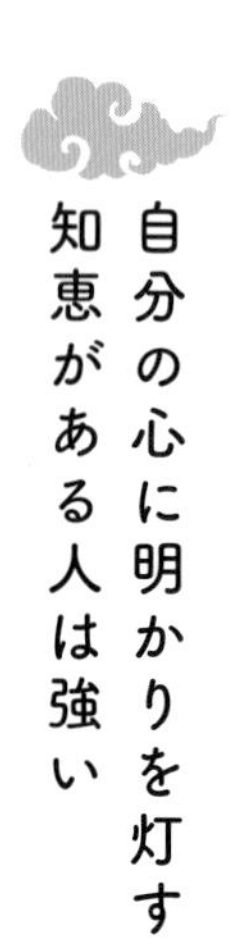

自分の心に明かりを灯す知恵がある人は強い

私たちは感情に翻弄されて生きているようなものです。躾られていないダメ犬の散歩に出た飼い主が、あちこち引っぱりまわされるのに似ているかもしれません。

自分のことをわかってくれないのが切なくて悲嘆に暮れることもあります。

仕事でも家の手伝いでもダメ出しされて「自分のやり方をして何が悪いのだ。ダメ出しする人だって自分のやり方を主張している点で私と何も変わらないではないか」と憤慨することもあるでしょう。

わずか数年前の〝良き時代〟を懐かしんで「昔に比べて今は……」と愚痴をこぼすこともあります。

悲しみ、怒り、愚痴を言ってその日を過ごしても、夜十二時になればその日は終わり、新しい一日が始まるので、「こうやって色々あって人生は進んでいくのだ」と諦めモード。そして、昨日と同じように感情に翻弄される日が始まります。

そんな嫌なデジャヴのくり返しのような毎日にうんざりして、さわやかに暮らしたいと思っても、学校で教えてもらった知識の中に、それを解決できるものはほとんどありません。社会に出ておぼえた処世術も心を晴らしてくれません。

そこで役に立つのが知恵です。

「私のことをわかってくれない」とふてくされる時は、冷静になって「む？ 私のことをわかってくれないと思っている私は、いったい、どれだけ、他人のことをわかろうとしているのだろうか」と立ち止まって考えるのです。自分は他人のことをわかろうとしないで、自分のことはわかってほしいと思うのはフェアではありません。それに気づけば、自分が他人のことをまず理解してみようと思えるでしょう。

自分と違ったやり方を押しつけられて憤慨した時に発揮する知恵は、「少なくともその人は今までそのやり方で成功してきたのだ。だから自分と違ったやり方をする人にアドバイスとして、『そんな時はこうしたらいい』と言いたくなるのだ」と気づく知恵です。するると、「わかりました。とりあえず、あなたのやり方でやってみましょう。その後で私が自分のやり方のほうが良いと判断したら、自分のやり方で一度やらせてください」と言えます。

相手も今までさまざまな方法を試した結果、自分の主張が正しいと思うようになったのですから、「私の方法でなければ許さない」とは言わないでしょう。

過去のよかった時期を思いだして「それに比べて今は……」とため息をつきたくなったら、まず「私は現状に満足していないのだ」と自覚することです。

そこから、「過去を懐かしんでも今の状態が変わるわけではない。現状に対する私のモヤモヤが解消するわけではない」とわかります。「ではどうする？　明日もこのモヤモヤを抱えたままにしたくなければ、今日、何か打つ手があるはずだ」と考えられるようになります。

その意味で、**知恵は〝考える力〟であると同時に、〝気づく力〟〝気づく感性〟と言ってもいいでしょう。**

自分一人では知恵をうまく働かせられない時は、居酒屋トークを含め、友人や家族に相談して知恵を発動させます。

一人暮らしのお年寄りが詐欺に引っかかってしまうのは、こうした知恵が働きにくくなっているためと言われます。「こんなものを買うように勧められたのだけど」と家族に相談したのに、「ばあちゃん、そんな金、持っていたのか」と冷たく反応される家族関係なら相談ができず、知恵が働きません。

将来一人暮らしになりそうな人は（つまり誰でもですが）、今のうちから自分の中や周囲に良き知恵者を作っておくようお勧めします。

天地自然に認められて生きているという命の落ち着きどころと、やるべきことをやっている自信、多くのことに感謝できるという心の拠り所があれば、地に足をつけて生きていけます。

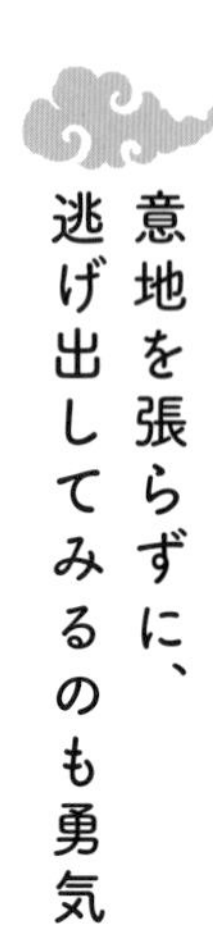

意地を張らずに、逃げ出してみるのも勇気

誘いを断り、物を捨て、離れる勇気を持つことは時には大切。今以上につきあいを広げないように誘いを断り、**物や人間関係という荷物を捨て、煩わしいことから離れる最大のメリットは、身軽になれることです。**

多くの人間関係や物に囲まれて生きるのは、新婚旅行に車で出発する欧米のカップルが、車の後ろに空き缶をたくさんつけてガラガラひっぱっていくようなものです。うるさいし、足手まといになります（あの缶はその後どうなるのでしょう）。あるいは、素肌に鎧のような装具をつけてガチャガチャと歩くようなもので、体も心も自由に動けなくなっていきます。

私たちはとても弱い存在です。ですから、自分を大きく見せたり、立派に見せるための肩書や自分にとって都合のいい人達、他にもお気に入りの品々をかき集めたりする時期もあります。しかし、**一度飾りを身にまとえば、素の自分をさらけ出すのが怖くなりますから、必死になって自分を飾っているものを守ろうとします。それらのおかげで、身動きが取れなくなり、息苦しさを感じることもあるのです。**

そんな時は、断り、捨て、離れる勇気を持ちましょう。

あなたが仲間からの誘いを断り、離れても、仲間たちはそれぞれ自分のことで忙しいので、仲間に加わらなかったことや離れていったことに、さほど関心を持ちません。せいぜい「今頃どうしているだろう」とふと思いだす程度です。それでは寂しいと思うなら、空き缶ガラガラ、鎧ガチャガチャの煩わしさを覚悟して生きていけばいいのです。

しかし、**しがらみから離れて自由になりたいと思うのなら、潔く断り、捨て、離れる勇気を発揮したほうがいいでしょう。**

かつて、ジーンズにスニーカー、菅笠（すげがさ）をかぶった三十代前半の男性が、私の実家のお寺にやってきたことがありました。

「ご住職はいらっしゃいますか」という問いかけに、まだ高校生だった私は父を呼びました。父が対応に出ると、彼は「私は故あって、風の向くまま気の向くままに旅をしております。できますれば、食べ物かお金を恵んでいただければ助かります」とさわやかな顔で言いました。

父は「風の向くまま、気の向くままの風来坊か。そりゃいいな。でも、風の吹くままと言っても、お寺は葉っぱの吹き溜まりじゃないんだ。お寺に頼ればどうにかなるというのは間違いだ。はい、回れ右。バイバイ」と答えました。

拒否された彼は、現状を受け入れ不平を漏らすこともなく、「ありがとうございました」と頭を下げると回れ右をして帰っていきました。どのような理由で彼が旅をする気になったのかはわかりませんが、彼の後ろ姿には、ある種の気高さがありました。

断り、捨て、離れるために必要なのは、他のものに頼らなくてもいい自分、自分だけの心の拠り所を持っているかです。

天地自然に認められて生きているという命の落ち着きどころと、やるべきことをやっているという自信を持ち、多くのことに感謝できるという心の拠り所があれば、地に足をつけて生きていけます。

自分が苦しい状況になった時は意地になって現状にしがみつかず、さわやかな顔をして撤退するのも、身軽になる一つの方法です。

真面目な人は自分にも他人にも厳しくなり、窮屈な生き方をすることになります。他人の目を気にしないで笑顔でいられるようになりましょう。

笑われても、自分は笑っていればいい

「人を笑わすよりも、自分が笑われぬようにせよ」は古代ギリシャの哲学者、ヘラクレイトスの言葉だそうです。

私はもっぱら人を笑わせようとして「大丈夫です。人は死ぬまで生きていますから」と真実を冗談っぽく言い、写真撮影で「はい、ボーズ」と坊主しか言えない駄洒落を言ってその場を和ませようとします。「動くことより理屈が多くなることをオイボレって言うんですよ」と人をへこますような無礼な冗談を言うこともあります。

人を笑わせようとしている一方で、いい気なものだと笑われていることに気づかないのですからオメデタイと思います。そのまま生きていけば、人生を真面目に生きていないというレッテルが貼られて、周囲から疎まれるでしょう。その意味で、ヘラクレイトスの言葉には重みがあり、人生を歩んでいくのには持っていたほうがいい視点でしょう。

人から笑われないような生き方をしなければならないと思っている真面目な人は少なくありません。**真面目な人は自分にも他人にも厳しくなりがちですから、かなり窮屈な生き方を覚悟すれば笑われずに生きていけるかもしれません。**

では、「自分が笑っている」にはどうすればいいのか……。

まず、**自分が自分なりの目標に向かって、やることをやっているという自信を持つことでしょう。そうすれば、他人の目は気にならずに笑顔でいられます。**

そして、自分を笑っている人も、自分と同じように、時にくよくよ悩みながら一度しかない人生を生きているという意味で、たいした違いはないと明らかにすることでしょう。

ある時点での評価は「無駄」だったかもしれませんが、
それは不変の無駄でありません。
その後に「有益だった」という
評価に変わることが往々にしてあります。

人生に無駄はない。失敗したことで気づくことがある

俗に言う〝転んでもただでは起きない〟人はいるものです。父は胃ガンの手術後に「胃切るは生きるなり」というエッセイを書いて周囲から好評を得ました。友人は怪我で入院した病院の女性の看護師さんと結婚しました。

小学校のＰＴＡで、数年後の会長候補がいました。でも、その人は会長になりたくなかったので、「これから副会長を二期やりますから、会長はやらなくていいと確約してください」

と代替案を提示して、「会長にならなくていい」という約束を手にして立ち上がりました。

知り合いの三歳の子どもはテーマパークの駐車場につくなりハイテンションで走りだし、案の定つまずいて転倒。親がやさしく抱き上げるまで、アスファルトの上で泣きつづけました。転んでもただでは起きずに、親からの愛を受けとってやっと立ち上がったのです。ちゃっかりしています。

何かを犠牲にしても、それ以上の何かを得ようとするのは、欲深いとも言えるかもしれませんが、困難な状況でもそこから何か得ようとする、いい意味で〝しぶとい人〟には共感できます。

一方で、私が共感できず、もったいないと思ってしまうのは、失敗をした時に「やるだけ無駄だった」とすぐにふてくされて諦めてしまう人。期待した成果が出ないと「骨折り損のくたびれ儲け」と言い放ち、さっさと赤字決算をしてしまう人です。

仏教では不変の善や悪はないとします。しかし便宜上、やったことが時間を経過して心がおだやかになったのなら仮に善とし、逆に時間を経過して心を乱すなら、過去にやったことは、その時点で仮に悪とします。善意でボランティアに参加したのに、仲間割れして嫌な思いをしたらボランティアに参加したことは悪になります。

しかし、その経験をもとにボランティア仲間のコンセンサスを得るようにしたことで、順調な活動ができて心がおだやかになったのなら、仲間割れをした最初のボランティアに参加したことは善になります。

私たちが「これは無駄だった」と思うことも同じです。**ある時点の評価は「無駄」かもしれませんが、それは不変の無駄でありません。その後に「有益だった」という評価に変わることが往々にしてあります。失敗から何を学び、それを次に生かすかということです。**

その気力が萎えてしまうと、無駄というごみ袋を積み上げていくことになります。やがて「自分の人生そのものが無駄だ！」と無駄袋の山の底から叫ぶことになるでしょう。その声を聞いて、無駄袋をどけてあなたを助けてくれる人はいません。一つ一つの無駄袋を取り除くには、それらが無駄ではなかったと、一つずつ処理していかなければならないからです。それを他人にやってもらうことはできないでしょう。

ですから、**無駄だと思うことがあったら、なるべく早く「無駄ではなかった」と衣替え**

させたほうがいいのです。

失敗したおかげで気づくことがあります。嫌な思いをして自分の気持ちを分析できたり、他人の言動を理解できることもあります。期待していた成果が得られなくても、人間関係の広がりなどの別の成果が得られることもあります。

どんなことでも、それを無駄にするか否かはあなた次第。無駄だと思ったら、無駄で終わらせずに、「転んでもただでは起きないぞ」という気概を持って、無駄袋をどけていきたいものです。

他人のためなら頑張れることはたくさんあるはず。
自分が得することばかり考えず、
功徳や人徳につながることを、
たまに優先してみると心に余裕が生まれます。

「得するか」よりも、「徳するか」を考える

小学校での道徳公開講演会を依頼されました。早めに家を出て、全クラスで行われていた公開授業を見学するために廊下を歩いていると、教室の中から「どうして、その時、それをやろうとしないんだ。やらないと損じゃないか」と言う先生の声がしました。

私はとっさに「先生、子どもたちを損得で動かさないでください」と思いました。損得で動く人は、自分の得になることなら人を裏切ることも辞さず、得をするためなら悪事だって働くことがあります。そうなれば、人から信頼されなくなります。**信頼できない人を助ける人はいませんから、孤立無縁になって人生を送らなければなりません。**そうなるのを覚悟して自分が得する道をまっしぐらに進むなら、それはそれで仕方ありません。

しかし、少なくとも私が目指す「いつでも、どんなことが起こっても心がおだやかな境地」とは違います。

ところが、ある時この話を取り入れて講演したあとの質疑応答で、冷や汗が出る質問が出ました。

「名取さんは、冒頭で小学校での損得の話から、損得で動かないほうがいいとおっしゃっていましたが、今日の話の中で、『マイナスの感情こそ、自分を磨く材料にしないと損だと思うのです』や『〝いつだって初めて〟という感性を持たないなんて、損だと思います』など、ご自身で損という言葉を三回お使いになっていましたが、何か意図があるのでしょうか」

私は正直に答えました。

「私は損という言葉を使うと心が痩せていくと思います。同じことを言いたい時は『もったいない』を使おうと思っているのですが、ご指摘いただいたように、どうもそれがまだできていないようです。それに気づかせてくださってありがとうございます。できないことをするのを練習と言います。次にみなさんとお会いする時まで練習して、損という言葉を言わないようになりたいと思います。そうしないと損、いや、もったいないですものね」

損得という言葉は、基本的に経済用語でしょう。それを人生に当てはめるのはおかしいと、本気で思っています。その本気さが、ともすれば損得勘定の経済優先で生きている人たちにはわかりやすいと思い、話の中でも「それは損です」と言ってしまうのでしょう。反省することしきりです。

しかし、損することを「もったいない」と言い換えるだけで、心の動脈硬化の進行はかなり遅くなります。

類語辞典で「得」の項目には「利益」が並んでいます。仏教では「りやく」です。おもに善行によって得られた良い結果のことを言います。善行の多くは、自分のためではなく、他人のために行われるもので、私の座右の銘の一つにも、父が残した「我がため置いて、他人のため」があります。その意味では、仏教語の「功徳」と同じです。功徳は、善いことをした貯金のようなもので、溜まって人徳になり、悟りにたどり着くための強固な土台になります。

他人の役に立てるのは嬉しいものです。自分のためには頑張れなくても、教育や支援などのように、他人のためなら頑張れることは、少なくありません。自分が得することばかり考えず、功徳や人徳につながるようなことを、たまに優先してみると心にも余裕が生まれます。

さて、あなたは今日、誰かのために、損得抜きで、何かしましたか。

第５章
よく生きて、よく死ぬために

何気ない一日の中に、感激することや発見がある。充実した暮らしは、物事の裏側や小さなことに気づく感性が積み重なって作られていくものなのです。

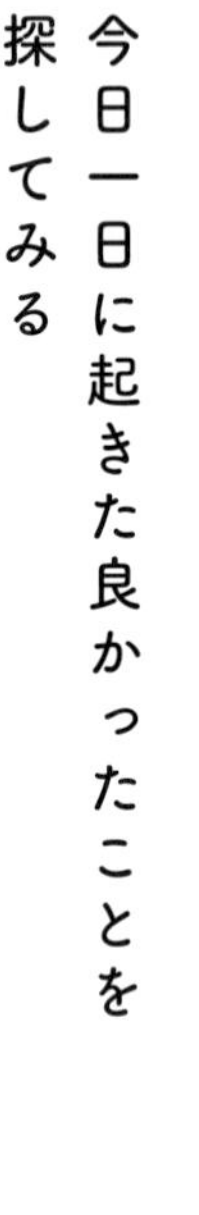

今日一日に起きた良かったことを探してみる

毎日充実した暮らしをしたいと思う人が時々います。充実した日々を過ごしているように見える人にあこがれて自分もそうなりたいと思っているなら、それは木を見て森を見ていないのかもしれません。

いつでもたくましく立ち、勢いよく葉を繁らせているように見える木でも、四季折々で多くの姿を見せます。日を浴びて盛んに光合成を行っている時もあれば、栄養を蓄える時期もあり、寒さにじっと耐えている時もあります。

日を浴びるために他の木よりも高く伸びようとし、そのおかげで日陰になった隣の木や地面の草は枯れてしまったかもしれません。枯れた木や葉を食べる虫や、分解する微生物がつくり出す栄養を得て、木々は元気な姿をしているのです。

上辺の姿ばかりを見て、毎日充実していていいなぁとあこがれてもいいのは、無邪気な高校生くらいまででしょう。

大人になったら、日々充実しているように見える人が、裏でどんな努力をしているか、どんな感性を磨いているのかを察したいものです。

偉そうなことを書いていますが、私は二十代までは、今日は生きていてもいなくてもよかった、なくてもいい一日だったと、虚しくその日をふり返る日が月に三日ほどありました。

三十代になると、このままでは仏教は世間から見向きもされなくなるという危機感から忙しく動きまわり、布教を含めた我が道をつき進むだけで、自分の生き方など考える暇はありませんでした。

否、自分の生き方を考えないだけでなく、他人のことにもほぼ無関心でした。

そして迎えた四十代。私が本堂で始めた「話の寺子屋」の講師を務めていただいた村上正行アナ（大正十三年生）の話を聞いて愕然としました。

村上さんが三十代の時、あるジャーナリストに「銀座の柳に息を吹きかける気持ちを忘れるな」と言われたそうです。

当時、銀座通りには柳が植えられていました。自分は銀座四丁目の交差点（数寄屋橋と並んで銀座を代表する交差点）にいて、目的地は柳に沿って十五分歩いた新橋駅だとします。時期は五月。歩いていると、さわやかな風に吹き上げられたやわらかい新芽をつけた枝が、目の前におりてきます。そうしたら、立ち止まってその枝をつまんで、葉っぱにふっと息を吹きかける気持ちを忘れるなという意味だったとおっしゃいました。

目的以外にも関心を持っていること、そしてそれに少しでも気持ちを寄せる心の余裕、さらに少しの茶目っ気が大切だと言うのです。

村上さんはご自身の経験から、その日初めて会った人に、その日の朝に自分が起きてからその人に会うまでに、自分が見た、聞いた、嗅いだ、味わった、触ったことと、それに対する感想を二十秒で話す訓練をするといいとアドバイスしてくれました。

これを二週間つづけると、何気ない一日の中に、感激することや発見がたくさんあることに気づけるものです。それが、単調な毎日を新鮮に感じる方法ですし、充実した日々を送ることにつながっていきます。

充実した暮らしは、物事の裏側や小さなことに気づく感性が積み重なって作られていくものなのです。

迷惑かどうかは相手が決めることなので、
迷惑をかけてしまうことがあるのは仕方がないこと。
お互いさまの気持ちで、迷惑をかけられても
我慢したいものです。

誰にも迷惑をかけずに生きていくことなど、できない

二十五歳で結婚する時、私は家内や家内の両親に「幸せにします」と約束しました。当時は本気でそう思っていたのですが、今思えば若気の至り。

幸せにできなかったというのではありません。**「幸せかどうかは本人が決める」という根本的な問題の掘りさげ方が全く足りなかったのです。**

私がどれほど家内の幸せを願い、そのためにあらゆるサービスをし、時にサプライズ企

画を実行したとしても、それを家内が幸せだと思わない限り、私は彼女を幸せにしているとは言えないのです。

外食の時は私がすべて勘定を払うことにしていますが、そんな時でも家内が「私はほぼ毎日、三度の食事の支度やあとかたづけをしているのだから、外食する時くらいあなたが払うのは当たり前よ」と言えば（実際に言われたことはありません。あくまでフィクションです。仮の話です）、彼女は幸せではないのです。

母親にゲームばかりやっていないで勉強しなさいと言われた子どもが、「どうして勉強しないといけないの？」と聞くと、母親は「それは幸せになるためよ」と答えます。すると子どもは「僕は今ゲームをやっていることが幸せなんだけどなぁ」とつぶやきます。自分と他人の幸せ感覚が違うことをわからせてくれる愉快な話です。

ですから、夫婦でも、双方の幸福感のすり寄せが必要です。「こうなれば幸せ」という共通意識を築いていくのが夫婦生活の醍醐味の一つだと思うのです。それに気づいたので、結婚後三十年してから「二人で、幸せになろう」と提案しました。

このように、幸せかどうかはあくまで〝本人〟が決める問題なのですが、まったく逆なのが「迷惑」という概念です。**私たちは「人に迷惑をかけないように」と教えられて育ちますが、迷惑かどうかは〝相手〟が決める問題なのです。**

迷惑をかけないように自分で四苦八苦して物事を処理している時に「手伝いましょうか」と言われることがあります。「いや、ご迷惑でしょうからいいですよ」と言うと、「ぜんぜん迷惑じゃありませんよ。あなたの手伝いができて嬉しいくらいです」と言われることはよくあります。

逆に迷惑ではないだろうと思っていても、相手は迷惑だと思っていることもあります。「バレンタインチョコのお返しは三倍返しが基本」などという阿修羅のささやきのようなことが世間に流布すれば、義理チョコを含めて、バレンタインデーそのものが、男性にとってはとても迷惑なのです。

やさしい人は、相手の迷惑になるのではないかということをとても気にします。気になるくらいの人は「ご迷惑かもしれませんが」とひと言添えれば、たいがいのことは円滑に進みます。しかしながら、**「迷惑だ」と思うことが多い人は、自分のやりたいことばかり**

考えていたり、自分をいつも優先したりしているので注意したいものです。

知っておきたいのは、迷惑かどうかは相手が決めるので、迷惑をかけてしまうことがあるのは仕方がないということ。そして、それはお互いさまなので、迷惑をかけられても我慢するということです。

大人は子どもに「他人に迷惑をかけない」だけではなく、「迷惑をかけられてもお互いさまだから、我慢する」ことも伝え、自分自身もそれを肝に銘じたほうがいいと思うのです。

私たちの人生は欲しいものを
かき集めているようなものかもしれません。
手放していいものを、すぐに捨てたほうが、
この先、楽に生きられます。

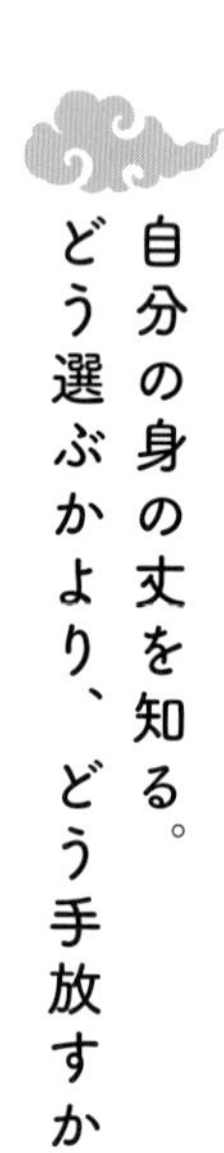

自分の身の丈を知る。どう選ぶかより、どう手放すか

氷上のチェスと言われるカーリング観戦のおかげでコンシードという言葉を知った人は私だけではないでしょう。自分のチームの投石（ストーン）が残っているけれど、そのゲームで相手の勝利が確定した時に、試合続行を放棄することです。

中継で解説者が「コンシードは自分の負けを認めることではなく、相手の勝利を認め、たたえることです」という説明をした時、私は軽いショックを受けました。

自分の敗北と相手の勝利は同じことですが、言葉の使い方一つで心の比重が、負けた自分の悔しさよりも、相手の勝利を祝福することに傾くのです。

親が子どもに「あなたは、勉強はできないけど、やさしいね」と言えば子どもは勉強しようという気になりますが、「あなたはやさしいけど、勉強ができないからねぇ」と言えば子どもは自分を否定された気になります。親の心情の比重はそれぞれ最後の言葉に傾いているのです。それを踏まえて、子育てをするなら無理をしてでも「勉強はできないけど、やさしい」と褒めて終わったほうがいいと言われます。

「あいつは、酒を飲むが、仕事はできる」と言われれば使ってみようという気になりますが、「あいつは、仕事はできるが、酒を飲むんだ」なら使う気になりません。

物事は順序を変えるだけで良くも悪くもなるものです。

自己紹介をする時、何を話せばいいのか迷ったことがありました。すると、話し方の達人がアドバイスしてくれました。

「頭の中で、なるべく多く自分の情報を列挙するんです。何年生まれか、何歳か、家族は、兄弟は、趣味は、好きな食べ物は、得意なことは、今までで一番感動したことは、最近楽しかったことは何かなど、思いつくかぎりです。そうしてから、その場に関係ないことを捨てていくんです。残ったものはかなり説得力を持ちます」

何を伝えるかではなく、伝えなくていいことは何かを考えるというのです。この方法を聞いた時も、それまで私が考えていた手法と逆だったので、ショックを受けたのをおぼえています。

人を採用する時も同じで、応募者が三人しかこなかった中で三人採用するのと、百人の中から選ばれた三人では違います。私は法話で布教しようとする若い僧侶にも同じことを言います。**百ある話の引き出しから選んだ三つを話すのと、三つしかない話を全部するのとでは、話の深みがまったく違うのです。**

ついでに例をもう一つ。披露宴なども、最初のうちは誰を招待するかで悩みますが、会場のキャパシティの問題で、最終的には誰を呼ばないかという選択になります。

これは人生にも当てはまります。私たちの人生は欲しいものを必死にかき集めているようなものかもしれません。服やアクセサリーなどの持ち物だけでなく、友人や人気、地位や財産なども集めようとします。磁石人間のようにさまざまなものがくっついていくので、徐々に身動きが取れなくなります。

集めることに途方もない労力を費やしていることに気づいたら、そろそろ手放していいもの、すぐに捨てたほうがいいものを見つけて、それを捨てましょう。そのほうが身軽になり、ずっと楽に生きていけます。

人生を歩いていく中で、その時々で必要だと思った荷物の中には、時を経て不要になっている見栄や欲もあるでしょう。他人から良く思われたいという荷物はもういらない人、ナンバーワンやオンリーワンにこだわらずに、のんびりしたほうがいい人もいるはず。

人生の節目節目で、心の荷物を身の丈に合わせて整理してみませんか。

誰かとぶつかった時、仲が良いからなのか、ただ単に自分の主張を相手に押しつけようとしているのかを、冷静になって分析できるようになりたいものです。

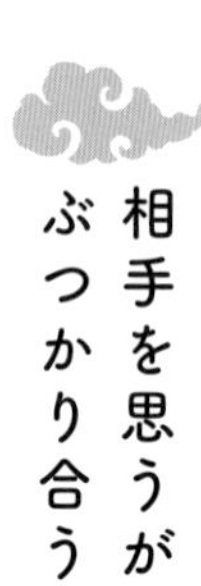

相手を思うがゆえにぶつかり合うこともある

「愛の反対語は憎しみではなく、無関心である」は、マザーテレサの言葉として有名ですが、同じことに気づいていた人は古来たくさんいるでしょう。

喧嘩する者同士は、相手に無関心ではいられないから反発するのです。それは子どもでも知っていることで、自分が気になる人に対して、その人の関心の外に置かれないように、男の子は女の子のスカートをまくり（かなり古いたとえですみません）、女の子は男の子のつまらないギャグを聞いて「イヤダー」と言いながら肩をぺちょんと叩きます。
もし身近な人がかまってくれなかったら、自分の存在意義を感じられず「自分なんていなくてもいい」とひどく落ちこみます。それを意図的に味合わせようとするのが、相手を無視するという低俗ないじめです。

しかし、**無関心と無視は違います。無視は相手をよほど意識していないとできません。関心がありすぎるのです。皮肉なことに、あなたが誰かを無視したいと思えば思うほど、相手を意識することになるのです。**

無関心というのは、その人がいてもいなくても別に構わない状態です。「おはよう」と言われて「おはよう」と返したらそれっきりで、それ以上相手への関心は生じません。「今日はいい天気だね」「ふーん、そうなんだ」で終わりです。取りつく島がないとはこのことで、大海原を一人寂しく漂うことになります。

ですから、ぶつかりあったとしても、それは相手があなたに関心があるという証拠です。無関心でないだけ、まだいいのです。

ぶつかる状況の中には、互いの主義主張を相手に押しつけ合うこともあります。このような場合、**相手の主張を優先させてもたいした違いはないのなら、自分の思惑を引っ込めて、可能な限り相手の都合を優先させて、「まっ、いいさ」と笑っているのが楽に生きていくコツです。**

大切なのは、相手を思うゆえ、仲が良いゆえにぶつかり合うことがあるのを知っておくことです。家族内のぶつかり合いなどはその典型で、仲がいいから相手のことが気になるのです。気になるから普通の人には言わないことも、一歩踏みこんで言いたくなるのです。その時は怒りの感情がわいてくるかもしれません。しかし、後から「私のことを思うゆえだ」と分析するのはとても大切なことです。

仏教に「加持（かじ）」という言葉があります。「加」は加わる力のことで、「持」は受けとる力のことです。水面に映る月影で言えば、月が「加」で、水面が「持」です。加わる力と受けとる力が相互に作用する時、不思議な世界が現れる。これを加持世界と言います。

親が子どもを思う心が加です。その親から口うるさく言われれば「いちいち、うるさい」と頭にきますが、「考えてみれば、私を思ってくれてのことだ。ありがたい」と感謝ができると、「加」を受けとる「持」の準備が整います。そこに「私のことを思って言ってくれたんだね」「そうさ、いつだって、私はあなたのことを思っているんだよ」と情愛が温かい光となって親子を包みます。こうした素敵な世界も加持世界です。

自分のことで一所懸命になると、他のことに無関心になります。無関心は愛の反対です。

愛ゆえに苦しむ人も多いので、愛のある世界が無条件に素晴らしいとは申し上げませんが、誰かとぶつかった時、仲が良いからなのか、単に自分の主張を相手に押しつけようとしているのかを、冷静になって分析できたらいいですね。

自分が頼りにして生きているものは儚（はかな）いものです。誰にも頼らなくていい、生涯にわたって杖になるものを持つことを考えてみましょう。

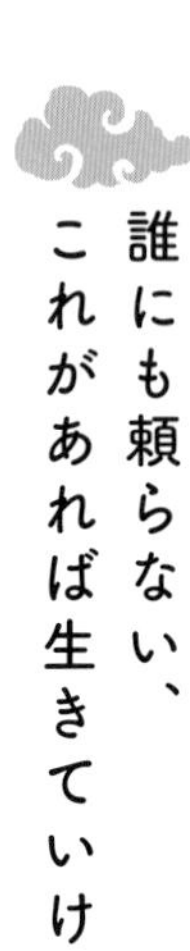

誰にも頼らない、これがあれば生きていける杖

平成になった頃、ある研修会で精神科医が「人は、愛されたい（関心を持たれている）、役に立ちたい、褒められたい、認められたいという四つの願望のうち、一つでも満たされていれば、自ら命を断たないと言われています」とおっしゃいました。

言い換えれば、私たちは愛され、役に立ち、褒められ、認められるという四本の杖のうち一本あれば人生を歩いていけるというのです。三十代だった私は、自分が何を頼りに生きているかを思い返して、大いに共感しました。

そして、誰もが四つの願望を持っているのだから、僧侶として、他者に関心を持ち、役に立っていることを伝え、褒め、認めていこうと思いました。

ところが**五十代になった私は、四つの願望の落とし穴に気づきます。それは、愛されたいも、役に立ちたいも、褒められたいも、認められたいも、すべて他者頼みだという点です。**

周囲に人がいないと達成されることはなく、孤立すれば生きていけないことになります。そんなところで行き詰まっていては、お釈迦さまの仏弟子として情けないと思いました。二千五百年つづいている仏教の中に、この問題に対する答えがちゃんとあるはずなのです。

そこで、法話の会に来た十五人ほどの参加者に、「これがあれば生きていけると思う人生の杖は何ですか。お金と健康は除きます」と質問してみました。

ほぼ全員が「お金と健康以外ですか?」と眉間に皺が寄りました。お金と健康があれば、とりあえず生きていけるのはわかりきっています。しかし、問題にしたかったのは「生きがい」であり、「これがあれば死のうと思わない心の杖」なのです。お金と健康はいつ折れるかわからない杖のようなものです。

参加者のほとんどは家族や友人と答えました。家族や友人がいてくれれば大丈夫だとおっしゃるのです。だから家族や友人を大切にしたいともおっしゃいました。

ところが、人生では家族はバラバラになり、友人もちょっとしたことで離れていくことがあります。そうなれば、生きるのが辛くなります。

私は参加者の方に、自分が頼りにして生きているものがいかに儚いかを知らせて、落ちこませたかったのではありません。生涯にわたって杖になるものを持ったほうがいいと申し上げたかったのです。


今のところ、**私は冒頭の四つの願望を他者に頼らずに、自分の中で満たしていこうとしています。それが心おだやかな境地を目指す仏教の一つのアプローチだからです。**

朝起きれば、鳥が「おはよう」と鳴いています。草木も葉も風に揺れて私に挨拶してくれます。気のせいだと思うかもしれませんが、私がそう思えば、私は自然から関心を持たれていると感じられるのです。

私が何もしなければ、家内が食事を作ってくれます。私は家内の料理のレパートリーを増やす一助を担っているのです。入院すれば病院経営に一役かっていることになります。何かをしようとしまいと、私は何かの役に立っているのです。

本堂で本尊さまの前に座れば、「お前さんは自分でできることはやっているね。偉いね。それでいいよ」と本尊さまが褒め、認めてくれます。お墓参りをすれば、ご先祖皆さまが同様のことを言ってくれます。

こうして**私は、誰に頼らなくてもいい、人生を支える杖四本全部を心の中に持とうとしています。**

さて、あなたはどんな杖をお持ちですか。

目の前にある結果を意識して因（いん）や縁にすることもできますが、何が因となり縁となるかは、なかなか本人にはわかりません。あせっても仕方のないことがたくさんあるのです。

回り道をするからこそ、見える風景がある

ある学生が「運命の糸」という赤い糸玉を拾います。糸を引き出すとそのぶん自分の時間が流れる魔法の糸玉です。彼は自分が将来どんな仕事をするのか知りたくて、糸をぐいと引っぱり、「なるほど、こんな仕事をすることになるのか」と納得しました。

すると今度は、どんな人と結婚するのか知りたくなって、グイグイ引っぱり出します。つづけてどんな家庭を作るか、どんな老後を送るのかを知りたくなりました。そして翌朝、引き出されて散乱した糸の横に、息絶えた老人が横たわっていました。

自分は将来どうなっているのだろうと気持ちが急いた時にこの話を知った私は、自分自身に「あせるな、あせるな。あせっても仕方がない。今はやることをやるしかない」と覚悟することができました。

仏教では物事には原因があって、それにさまざまな縁が加わって、結果になる「縁起」を説きます。結果は再び何かの原因になり、あるいは縁になって、次の結果になっていきます。

休みの日にどこかへ行きたいという原因があれば、そこにテレビやラジオや雑誌で知った情報という縁が加わり、穴場の観光地やお店に出かけるという結果になります。そして、そこへ行ったことが原因になって友だちができることもあります、今まで知らなかった知識を得ることもあります。

目の前にある結果を意識して因や縁にすることもできますが、何が因となり縁となるかは、本人にはなかなかわかりません。だから、あせっても仕方のないことがたくさんあるのです。**今の結果を受け入れて、今やるべきことや、やりたいことをやるしかありません。**

将来になって「人生のあの時期は私にとって回り道だった。道草したようなものだった」と思うかもしれません。しかし、回り道をし、道草をしたからこそ見える風景や、出会える人もいるのです。

結果に向かって一直線に突き進む必要はありません。ゴールだと思っていたものも、本当のゴールではないかもしれません。「人生まるごと回り道」「私の人生、道草人生」と開きなおって、はやる気持ちを抑えつつ、ゆっくり過ごすのも悪くありません。

自分が生きている意味はなんだろうと考えるのではなく、「そのうちわかる時がくるかもしれない」と考えて、やるべきことを淡々とやって生きていきましょう。

人生はいつだって〝未意味〟。それで生きていける

人間は何事につけても意味づけしたくなる生き物である――そう言いたくなるほど、私たちは「これにはいったいどんな意味があるのだろう」と疑問を持ちます。

学校で「この勉強になんの意味があるのか」と勉強嫌いになっても仕方がないという正当な理由を見つけようとし、「私があなたの子どもである理由は？」と生んでくれた感謝よりもアイデンティティを求める思春期の若者もいます。辛く苦しい状況の辻褄合わせをしようと「この経験になんの意味があるのか」と陰にこもることもあります。

あるいは、自分の人生にどんな意味があるのかを模索しつづけているうちに死んでしまう哲学者になりきれなかった人や、宇宙が存在している理由など、神の領域にまで踏みこんで意味づけをしようとする人もいます。

しかし、**どんなことにも自分の納得できる意味を求めることは、時として自分を苦しめるだけです。**

仏教に「毒矢の譬え」と言われる話があります。

ある男に毒矢が刺さります。周囲の人たちは一刻も早く毒矢を抜いて毒を吸い出そうとしますが、男はそれを許しません。「いったい誰が、どうして、他の人でなく私にこの毒矢を放ったのか、そして、毒の成分がなんなのか、何から抽出された毒なのかわかるまでは、毒矢を抜きたくない」と言い張ります。

やがて毒が体に回って男は死んでしまいます。つまらないことにこだわってあれこれ考えているうちに死んでしまうから、早く悟りを目指しなさいという比喩です。

もう一つ、仏教には「無記（むき）」という言葉があります。お釈迦さまが異教徒から「この世はいつまでもあるのか、ないのか」「仏は死後も存在するかしないか」など、証明不可能な質問に答えずに沈黙したというのです。仮に答えても水掛け論になるだけです。

そんなことに時間を費やすより、心の苦しみを取り除くことに専念したほうが賢明だと、沈黙によって伝えたかったのでしょう。

私たちの日常に置きかえれば、結論が出ないような問題は、「わからない」としておく勇気を持てということです。

どうして私は男（女）で生まれたのか、「わからないけど、そのように生まれた」として、実生活を送るしかありません。

自分が生きている意味はなんだろうと考えるのではなく、思いきって「そのうちわかる時がくるかもしれないけれど、今のところ意味はわからない」として、毎日やるべきことを淡々とやって生きていくのです。

偉そうなことを書いていますが、私自身は、意味づけ大好き人間。意味がわかったほうが、やりがいや生きがいがあると思っています。

そんな私は、自分の生きる意味や人生の意味を、まだ意味づけされていない〝未意味〟だとしています。人生のその時、その時期によって「勉強の時期」「恋愛の時期」「家庭を守る時期」「寺の運営を確立する時期」と分けて意味づけしてきましたが、死ぬ時にトータルでどんな意味の人生だったかは、まだ、わかりません。

今のところは、自分がやっていることは〝おかげ〟をいただいた人たちへの〝ご恩返し〟という意味づけをするのが精一杯です。もとより、他人の生きる意味や人生の意味をご宣詫さながらに、まことしやかに伝えるような怪僧に成り下がりたくありません。

人生はいつだって〝未意味〟。それでいいと思います。それで充分生きていけます。

「無常」を「変化」としてとらえる。日本人をはじめとして四季折々の変化を楽しめる人たちは、もともと諸行無常を楽しめる精神的な土壌を持っています。

諸行無常は過酷な現実。誰一人、何一つ、変わらないものはない

すべてはどんな条件が集まるかによって変化しつづけていきます。これを諸行無常と言います。これは良いとか悪いとかの問題ではなく、すべてはそうなっているという真実を言っているだけです。しかし、若さや繁栄、幸福、安心などがいつまでもつづいてほしいと願う人にとっては、残酷な真実でしょう。

特に日本では、『平家物語』の冒頭の名文「祇園精舎の鐘の声、諸行無常の響きあり。

沙羅双樹の花の色、盛者必衰の理をあらはす。おごれる人も久しからず、ただ春の夜の夢のごとし。たけき者も遂にはほろびぬ、ひとへに風の前の塵に同じ」の影響でしょうか、諸行無常という言葉に悲しさや切なさの風味付けがされます。

その結果、元気だった人が亡くなった時や、大切にしていたお皿が割れた時などに、「諸行は無常だから、仕方がないか……」と諦めのため息と共に使われることが多いでしょう。

しかし、**諸行無常の概念を使えば、ネガティブな心の状態からも抜け出せます。**仏教が諸行無常を説くのも、多くの人がこの道理を軽視して、自分が望む状態がつづくと、つい勘違いして苦しむからです。そのために「すべては条件によって変化していくものです」と言いつづけています。

今という状態を安定させ、持続させるためには、ぼーっとしていてはいられません。何もしないのにこの状態がつづくことは、諸行無常の原則から言ってありえないのです。

子どもが一所懸命に浜辺に掘った穴も、そのままにしておけば波一つで水没してしまいます。穴を同じ深さに保つには、波と競争して、波が引いた時に砂を掻きだしつづけなければなりません。

若さを保とうとするのも、会社経営を安定させるのも家庭を円満に保つのも、周囲の変化に対応した不断の努力が必要です。それを覚悟しておかないと、「こんなことになろうとは」「こんなはずではなかった」と祭りの後の寂しさと虚しさを味わうことになります。その意味では、諸行無常は過酷な現実なのです。

私はよく「無常」を「変化」としてとらえます。日本人をはじめとして四季折々の変化を楽しめる人たちは、もともと諸行無常を楽しめる精神的な土壌を持っています。それを周囲に当てはめると、私たちは常に変わりつづける万華鏡の中にいるようなものです。

歳をとるのも諸行無常。抗えることではありません。でも、許せることが増えた、どんな時にどうすれば良いかがわかったなど、歳をとったからこそできるようになったこともたくさんあります。

部屋の模様替えをして変化を楽しむことも、食べたことがない料理や作ったことがない料理にワクワク気分で挑戦することでも、新鮮な気分にひたれることでしょう。

諸行無常を否定的に考えず、変化として、楽しんでいきたいものです。

後世に何かを残した人たちだけが偉いわけではない。
精一杯生きたという点では全員同じ。
人物ドキュメンタリーを作るのであれば、
誰でも主人公になれます。

最期まで、その人なりに精一杯生きることの意義

テレビや映画で人物に焦点を当てたドキュメンタリーがあります。その人がどのように生きているか、生きたか、内容は生い立ちや祖先の系譜にまで及びます。

多くの困難に立ち向かってすぐれた業績を残した人や、難病に立ち向かう人の姿を目の当たりにして、私たちは「立派だな。私もこのくらい精一杯生きないといけない」と感銘を受けます。

その感銘のために、毒にも薬にもならない平々凡々の生活をし、何かあれば、すぐに易きに流れる自分を卑下してしまう人もいるでしょう。しかし、そんな必要はありません。

私が住職をしているお寺の檀家さんは三百軒足らずですが、通夜、葬式、法事の後座にご一緒して「立ち入ったことをお聞きするようですが」と前置きして、家族の人がどこで何をしているのかをお聞きします。

ですから、檀家の家族が何をしているのかをだいたい把握しています。檀家寺の住職はそのくらいの情報を持っていないといけないと思うのです。

そうした情報をもとに「今年、成人式だね」「仕事は順調?」という身近な会話をするように心がけています。お互いの距離感を縮めることで、相手から「前から聞きたかったのですが、亡くなった人はお墓にいるのですか、それともお位牌にいるのですか」というような、素朴な質問が出てくるようになります(この質問に対しては、亡くなった人はあの世にいて、お墓や位牌はその人との面会用の窓と答えています)。

生前からの情報を持っているので、亡くなった人が生前どんな仕事をし、どんな生き方をしてきたかはだいたいわかっています。わからなければ「故人を漢字一字で表すとしたらなんですか」と聞いて、「どうして、その字なのですか」と聞いていけば、だいたいのことはわかります。

多くの葬儀をしてつくづく思うのは、どんな人でも「その人なりに精一杯生きた」ということです。

家族にさんざん迷惑をかけた身勝手な人も、そんな不器用な生き方しかできなかったのです。長い闘病生活の末に亡くなった人も精一杯病気を治そうと闘ったのです。結果的に亡くなってしまった人が入院している時、お見舞いに行っていつも思ったのは「人は生きている間は、いつだって命の第一線にいる」ということでした。

後世に何かを残した人たちばかりが偉いわけではありません。精一杯生きたという点では全員同じで、人物のドキュメンタリーを作れば、誰でも主人公になれます。

定年後や定年をひかえた人が「生涯現役」を目標にすることがあります。しかし、加齢による気力や体力の衰えはどうしようもありません。そんな時、生涯現役をモットーにしていた人ほど簡単に「自分はもうダメだ」と意気消沈して、精気も失ってしまいます。

私たちは、生まれてから死ぬまで、どんなに頑張っても、あがいても、落ちこんでも、やる気が出なくても、その人なりに精一杯生きているのですから「生涯現役」にこだわらなくてもいいのです。

私たちはもともと、命の第一線を生きています。そして、自分の人生の最前線を歩いています。そもそも、誰がなんと言おうと、生涯現役の我が命、生涯現役の我が人生なのですから。

あの世は、先に亡くなった親しい人たちが待ってくれている場所。死を意識した先人たちは、死の恐怖を克服するための道筋を残してくれています。

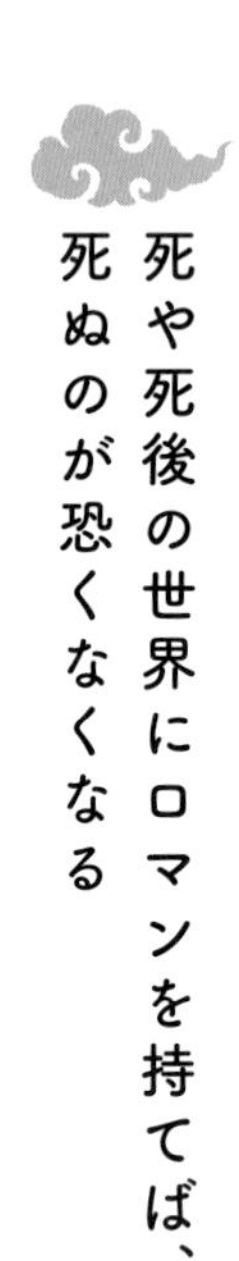

死や死後の世界にロマンを持てば、死ぬのが恐くなくなる

遅いか早いかの違いはありますが、人は生まれたらいつか死ぬことになります。お年寄りはよく「私たちが死なないと、人だらけになっちゃうでしょ」と笑って死ななければならない理由を述べます。

私たちは死を一人称、二人称、三人称で考えると言われています。一人称は自分の死、二人称は親しい人の死、三人称は知らない人の死です。江戸時代の大田南畝（おおたなんぽ）が死の宣告を受けて作ったと言われる狂歌「今までは他人のことだと思うたに　俺が死ぬとは　こいつぁたまらん」（語句が少し違ったものがいくつか伝わっていますが、私は江戸っ子らしいこの歌が好きです）は、それまで三人称でしか考えなかった死が一人称になった時の素朴な思いでしょう。**この世から存在が消えるという心の苦悩は、それまで経験したことがないという不安も加わり、そう簡単に解消できるものではありません。**

しかし、死を意識した先人たちは、死の恐怖を克服するための道筋を残してくれました。いくつかご紹介して、あなたの死への不安の解消に役立てていただければと存じます。

仏教では、肉体を花にたとえて、花は落ちるけれど香りは残るという比喩をよく使います。この場合の香りは、思い出や功績などを含めた影響力です。

お釈迦さまは死を直前にひかえて、「私は仏教の教えが人間の皮をかぶっているようなものだから、仏教が残れば自分が生きているのと変わりない」と弟子に伝えます。たしかに、お釈迦さまの肉体はなくなってしまった現在でも、教えは香りとして二千五百年残っています。**人は死んでも、無になるわけではないのです。**

私の父は「死は〝この世線〟と〝あの世線〟の乗換駅のようなものだ」と言っていました。〝この世線〟の車内でさまざまな人と出会い、車窓からの景色を楽しんで、死というターミナル駅で〝あの世線〟に乗りかえて、〝この世線〟とは違った景色を楽しむのです。終末医療をターミナル・ケアと言いますが、そんな言葉を知らなかった父が死をターミナル・ステーションにたとえたのは不思議な偶然です。

父は、死んだ後のことを〝あの世線〟にたとえましたが、**死後の世界をイメージすることで、死の恐怖を乗りこえようとする人たちは少なくありません。**

先輩のお坊さんは、あの世のことを、先に亡くなった親しい人たち（飼っていたペットも含めて）が待ってくれている場所とおっしゃっていました。お世話になった人たちが徐々に亡くなり、自分が取り残された気がしてきた時に、大きな安心感を与えてくれる〝あの世観〟だと思います。

また、私たちの命（受精する）の元になった精子と卵子は、両親が食べた食物や水分、浴びた光などを得て熟成しました。私たちの命の元は地球を含めた広い宇宙のあちこちに散らばっていたのです。死ねば再び宇宙の中に戻ります。それを〝自然に環る〟〝もといた場所に戻る〟と表現する人もいます。

このように、**先人たちは死や死後の世界に対してロマンを持つことで、死の恐怖を乗りこえてきました。**僧侶の私が書くと営業のように思われるかもしれませんが、お墓参りはそのロマンを考える絶好の機会なのです。

今のうちから、漠然としたものでもかまわないので、死や死後の世界にロマンを持っておくことをお勧めします。

人生のピースはすべて縁によって
はめ込まれていくものです。
自分の手柄など何ひとつないとわかれば、
感謝の多い、幸せな日々が増えていきます。

どれほど自分の力でやったと思っていても、そこには多くの〝おかげ〟がある

入学や就職で提出する履歴書は「私はこんなことをやってきました」と過去のことを書くのに対して、エントリーシートは「私はこんなことをしてみたいです」と未来のことを書くことが中心です。

人は誰でも「私はこれをしました」と言えるものがあります。いわば履歴書です。学校を卒業しました、運転免許を取りました、仕事をしました、自立しました、貯金しました、親孝行しました、など勲章をたくさんぶらさげているようなものです。

子どもの頃から「自分でやってごらんなさい」と言われて、それができたら一人前になれると思って努力してできるようになった、意地になって独力でやりとげられたこともあるでしょう。どれも履歴書に書けることです。


もともとインドの神さまだった閻魔(えんま)大王は、私たち一人一人の詳細な個人情報が記載されているノート(閻魔帳)を持っていると言われます。『十王経(じゅうおうぎょう)』によると、私たちは死後三十五日目に閻魔大王の前に立ち、生前の行いについて取り調べられます。

その時に「私はこれをしました」と言えば、「ほう、そうか。お前は本当にそれを自分一人の力でやったと思っているのか。とことんオメデタイ奴だな」と、にやにやと笑われてしまいます。


仏教では仏教徒は四つの恩を意識して、その恩に報いることを勧めます。

一つは父母の恩。私たちは一人で生まれてきたわけではありません。どんな偉業を達成した人も、親がいなければこの世に生まれてこられなかったのです。

二つ目は国の恩。かつては国王の恩でしたが、現在では国と言い換えてもいいでしょう。生きていくのに必要な電気、水道、道路などのライフラインなどは国を含めた自治体が整備してくれています。いざという時に困らない社会保障のセイフティネットもこの恩の中に入ります。

三つ目は衆生の恩。狭義には自分以外の人たちのおかげのことですが、広義には食べ物を含めて、空気や土、水などの自然の恩恵も含みます。

最後は仏法僧の恩。仏さまとその教えとそれを伝える人々という意味。これは仏教徒にとっては大切な恩ですが、他の人にはたいした意味は持たないでしょう。

このように、**どれほど自分の力でやったと思っていても、そこには多くの〝おかげ〟があります。**それをわかっている人は、「お手柄だね」と言われたら「いえ、運が良かっただけです」「みなさんのおかげです」と言います。これは謙虚さの現れではなく、事実を言っているのです。それを意識せずにすべて自分の力でやったと思えば「オメデタイ奴」の誹（そし）りは免れません。

私は五十歳を過ぎてから、その時その時の自分はジグソーパズルの一つの完成品だと思うようになりました。**無数のピースのうちいくつかは自分ではめ込んだものかもしれませんが、他はすべて縁によってはめ込まれたものです。**そして、それぞれのピースは自分で作ったものではありません。知識というピースは先人たちの遺産です。この本に使われている紙の作り方から、印刷製本技術、文章の書き方なども他から譲り受けたものです。

そう考えれば、**自分の手柄などないに等しいのがわかり、感謝の多い、幸せな日々が増えていきます。**

〝おかげ〟に裏打ちされた履歴書を懐に、エントリーシートをカバンに入れて、これからの人生を歩いていきたいものです。

**幸せかどうかは、もとより自分が決めるものです。
他人から「あなたは幸せだ」と指摘されて
それに気づくこともありますが、
幸せを感じるのは自分なのです。**

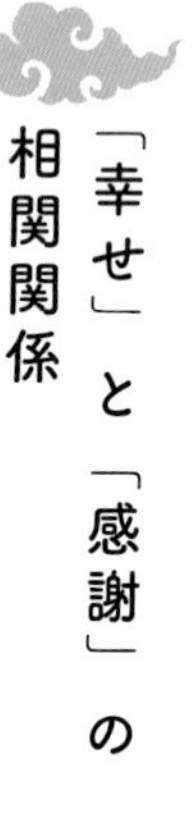

「幸せ」と「感謝」の相関関係

僧侶はよく「おかげさま」の話をします。さまざまな〝おかげ〟を感じれば感じるほど、自分はダメだとか、不幸だとかと嘆かなくてもよくなり、幸せだと思えるようになるからです。

単に道徳的に「〝おかげ〟に感謝しましょう」と言っているわけではなく、その教えが導きだされる理由があります。私流に、それを離乳食なみに柔らかくお伝えしてみます。

お釈迦さまが悟ったことの一つに諸行無常があります。この場合の「行」は行為という意味ではなく、存在や現象のことです。ですから「諸々の存在や現象は常（同じ状態）ではない」という意味。

なぜ常ではないかと言えば、すべての物や事は、縁（条件）によって変化してしまうからです。最もわかりやすい縁は時間でしょう。時間の経過という条件によって、多くは同じ状態を保ちません。昔のあなたと今のあなたは、年齢も経験も知識も感性も違うでしょう。学生だったあなたが社会人になります。時間の他にも、さまざまな縁によって物事は変化していきます。

諸行無常は仏教徒でなくても「そりゃ、そうだ」とうなずくしかない世の道理です。ここから、変化してしまうすべての存在や現象には「変わらない実体はない」という空（くう）の考え方が出てきます。**「これはこういうものだ」とどれだけ思っても、力説しても、「そんなものに実体はありません。すべては条件によって変わる『空』というあり方をしているのです」と仏教は答えます。**

すべては変化してやまないのですが、その中でたった一つ確かなことがあります。それは〝今〟。諸々の条件が勢ぞろいして成り立っているのが今です。

雲の形が何かの形に見えるのは、条件が揃った一瞬で、風や温度によって瞬く間に形は変化します。

日本語で「有ることが難しい」が変化した「ありがとう」は、縁が揃った結果として自分に何かしてくれた人に対して発せられます。

世間であなたのために何かしなければならない人は多くありません。それをわざわざやってくれた人が、その時にいます。そのために膨大な縁が揃ったことが「有り難い」ので、感謝の言葉として「ありがとう」と言います。

言い換えれば、**一瞬一瞬の〝今〟は、自分の力で集めようと思っても集めきれないほどの多くの縁が、たまたま揃った結果です。その結果が今の自分に都合が良い時に「おかげさま」と言います。**

諸行無常や空という大原則の中で、たまたま縁が揃っている今に「おかげさま」を感じ、「ありがとうございます」と感謝できる人は、幸せな時間が増えていきます。

逆に、いつも不平や愚痴を言っている人は、「おかげさま」や「ありがとう」をあまり口にしません。「自分は不幸である。その原因は自分以外にある」としか考えられないからです。自分が受けている恩恵に対する感性が鈍っているのでしょう。

幸せかどうかは、もとより自分が決めるものです。他人から「あなたは幸せだ」と指摘されてそれに気づくこともありますが、幸せを感じるのは自分なのです。

多くの〝おかげ〟に気づいて、なんだかんだ言っても「けっこう幸せな自分」に気づいて幸せになりましょう。心おだやかに暮らしていきましょう。

名取芳彦（なとり・ほうげん）

1958年、東京都江戸川区小岩生まれ。元結不動密蔵院住職。真言宗豊山派布教研究所研究員。豊山流大師講（ご詠歌）詠匠。大正大学を卒業後、英語教師を経て、25歳で明治以来住職不在だった密蔵院に入る。仏教を日常の中でどう活かすのかを模索し続け、写仏の会、読経の会、法話の会など、さまざまな活動をしている。著書に『気にしない練習』『ためない練習』（三笠書房）、『感情的にならない生き方』（PHP研究所）、『心がすっきり かるくなる 般若心経』（永岡書店）、『1日5分 朝の「般若心経」写経手帖』（ナツメ社）など、ベストセラー、ロングセラー多数。

ホームページ「もっとい不動　密蔵院」http://www.mitsuzoin.com

「元結（もっとい）不動　密蔵院」　東京都江戸川区鹿骨4-2-3

ブックデザイン：白畠かおり

イラスト：こいし ゆうか

心が晴れる知恵

下町和尚が教える、気持ちの切りかえ方

2018年8月17日　初版第1刷発行

著　　者　名取芳彦

発 行 者　藤木健太郎

発 行 所　清流出版株式会社

〒101-0051

東京都千代田区神田神保町3-7-1

電話　03-3288-5405

編集担当　松原淑子

http://www.seiryupub.co.jp/

印刷・製本　大日本印刷株式会社

乱丁・落丁本はお取替えします。

ISBN 978-4-86029-479-3